JN330484

題字／義父・寿松木正治
本文／娘・寿松木苗実
アートディレクション／森本千絵
デザイン／宮田佳奈　安田和加
写真／浜崎昭匡（手書きレシピページ除く）

自由が丘3丁目 白山米店のやさしいごはん

白山米店お母さん 著

米や白山
3717-6810

まえがき

　米穀商に嫁ぎ、ごはんを食べてもらいたいと 15年前から始めた
小さな お弁当屋 が 家族に作る お料理集 です。
　娘へ 味の継承 ができたらと思い、私の ぐちゃぐちゃ書きの
レシピを 娘が ノートに 書き始めました。
『 母 から 娘 へ 』 贈ります。

　　　　　　　　　　　　　　　　　　　　　白山米店 ママン

　お弁当屋は 1996年 3月 12日に 開店しました。
初めての お弁当は 鰆の照り焼き、人参大根高野豆腐の煮物、
ごぼうくるみサラダ、おからコロッケ、山くらげの漬物 です。

　見た目地味な お弁当から スタート しました。
　今は なるべく 色合いよく、美味しくて、うれしくなる献立に。

母から娘へ

自由が丘3丁目 白山(はくさん)米店のやさいごはん　目次

春 のおもてなし

- 8　ごぼうの炊き込みごはん
- 9　あさりの炊き込みごはん
- 10　あさりと新玉ネギの春雨(はるさめ)ピリ辛炒め
- 11　ニラ玉
- 12　初かつお新玉ネギたっぷり野菜のせ 香味たれ
- 13　春のお便り1
- 14　玉ネギたっぷり焼売(シューマイ)
- 15　黒糖黒酢鶏
- 16　アスパラのサラダ カリカリベーコンとろーり卵のせ
- 17　筍(たけのこ)ごはん
- 20　春のお便り2
- 21　春散歩

夏 のおもてなし

- 24　ごま味噌汁 冷や麦のつけ汁
- 25　インゲンのサラダ
- 26　鶏肉とトマトの煮込み
- 27　夏野菜のマリネ
- 28　生姜(しょうが)の香りのイカの炊き込みごはん
- 29　鶏つくねとおくらのスープ
- 32　夏ライフスタイル
- 33　夏のお便り
- 34　ピータン豆腐
- 35　とうもろこしごはん
- 36　白山家のマーボー豆腐
- 37　冬瓜(とうがん)の豚汁
- 38　河内晩柑(かわちばんかん)の寒天ゼリー マンゴのせ
- 39　夏野菜のキーマカリー
- 42　ママンお気に入りの料理道具

秋のおもてなし

- 46 焼き茄子丼ぶり
- 47 りんごの白和え
- 48 焼鮭ときのこの炊き込みご飯
- 49 前日に漬け込む鶏チャーシュー
- 52 白山家の蓮根の挟み揚げ
- 53 茄子の韓国風煮物
- 54 ふんわりハンバーグのきのこソース
- 56 白山家の焼き餃子

冬のおもてなし

- 62 ガスパチョ冷製スパゲッティ
- 63 ツナチーズ入りフランスパン
- 64 お米入りロールキャベツ
- 66 海老・蓮根入りつくね団子のうどんすき
- 70 冬のライフスタイル
- 71 冬のお便り
- 72 カブのポタージュ
- 73 白菜と生姜ベーコン風味のスープ
- 74 カリカリ揚げ鶏のネギソースレンコン添え
- 75 肉団子のもち米蒸し
- 76 玉ネギたっぷりメンチ
- 77 鱈と里芋のチゲスープ
- 78 チョコチップクッキー
- 79 スペアリブの香味焼き

- 82 ママンがよく行く築地のお店マップ
- 86 白山米店お母さん直伝　釜で炊くおいしいごはんの炊き方
- 95 あとがき

春

鰆（さわら）
鯛（たい）
めばる
さより
あさり
はまぐり
筍（たけのこ）
空豆
えんどう
菜の花
アスパラガス
みつ葉
じゃが芋
ふきのとう
キャベツ

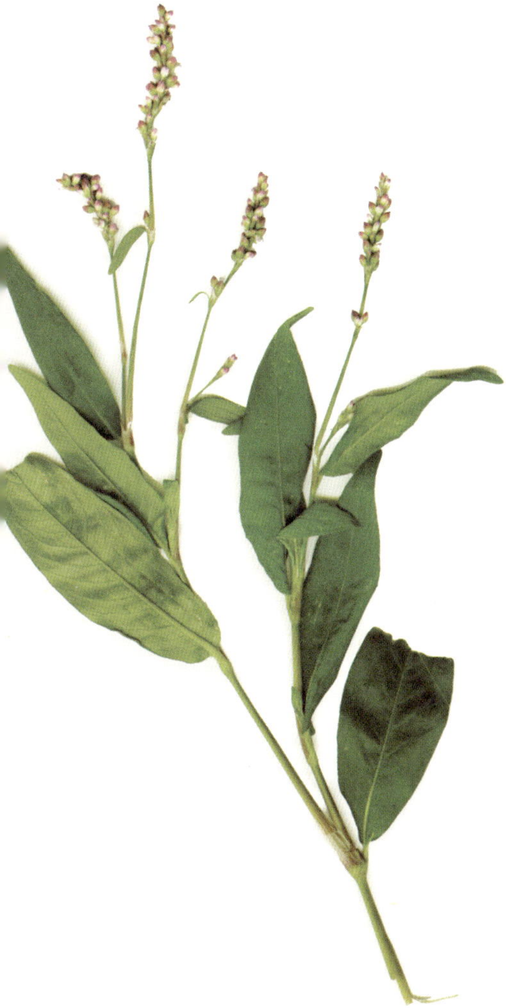

ごぼうの炊き込みごはん

材料　米2合分

- 米　2合
- 豚バラ肉薄切り　50g　5mm幅に切る
- 生姜　みじん切り　小さじ2
- 油揚げ　1/2枚　半分に切り千切り
- ごぼう　1/2本　85g　ささがき　水にさっと入れ、すぐザルに。
- 人参　3cmくらい　40g　ための千切り

- みりん　大さじ1/2 ┐ 炒める時に
- 醤油　大さじ1　　┘
- 醤油　大さじ1/2　炊飯前に
- 水　だいたい180ccくらい

※米は洗って炊き釜に入れ、水1カップに浸しておく。(冬は1時間、夏は30分吸水)
※豚肉は醤油、酒各大さじ1/2で下味つける。

作り方

1. 鍋に下味をつけた豚肉と生姜を入れ、中火で炒める。次にごぼう、油揚げも入れ、ごぼうがしんなりしてきたら醤油大さじ1、みりん大さじ1/2を入れ炒め合わせる。

2. 具からの汁、醤油大さじ1/2、水を炊飯器の2合の目盛りまで入れ、具と人参をのせて炊く。

3. ごはんが炊き上がったら切るように全体を混ぜ、できたてをフアフアしながらいただきましょう。

次の日は🍙にして食べよう。

「具を炒める一手間で、炊き込みごはんのうま味が増します。もち米を少々入れたり、残った節分豆を入れても滋味あるごはんになります。人参は、色がきれいに残るよう炒めないでのせて」(ママン)
「余ったごはんでつくるおむすびは、翌日のお楽しみ」(娘)

あさりの炊き込みごはん

材料　米2合分

A ｛
- 砂抜きあさり　300g
- 酒　大さじ1
- 生姜　5gみじん切り
- 醤油　大さじ1
- みりん　小さじ2
- 水　適量
｝

- 米　2合
- 焼きのり　適量

作り方

1. 米は洗って炊飯器に入れ、1カップの水に1時間（冬〜春）ひたす。

2. 鍋にあさりと酒を入れ、フタをして中火で時々ゆする。貝の口がひらいたら、身が固くならないうちに取り出していく。

3. 貝がらからきれいに身をはずし、Aに30分以上漬けておく。

4. 3のつけ汁と水を2合の目盛りより少し少なめに入れ、身をのせて炊く。

5. 炊き上がったらふんわり混ぜて、のりを上に散らす。

あさりの貝殻のもようってーーーっぜーーんぶ違うんだよ。すごいよね？

「大きめのあさりを使ったほうが、おいしいです。酒蒸ししたあさりに砂があるとおいしさも半減しますので、砂のついた身は流水で砂を落とします。あさりは、ひたひたの海水くらいの塩分にフタをして静かなところで3時間〜半日かけて、砂出しします（夏場は冷蔵庫へ）。時間がとれないときは、冷蔵庫に入れて砂出しさせ、翌日作りましょう」（ママン）

あさりと新玉ネギの春雨ピリ辛炒め

材料　　　4人分

- 砂抜きあさり　　300g
  酒大さじ1で酒蒸しする
- 新玉ネギ　　1個 200gくらい
- 春雨　　　　50g
- 万能ネギ　　1/3束
- ニンニク　　1片5g みじん切り
- 生姜　　　　5g みじん切り

- ゴマ油　　　大さじ1
- 豆板醤　　　小さじ1
- 紹興酒 または 酒　大さじ1
- 醤油　　　　大さじ1
- 砂糖　　　　小さじ1
- ＋あさりの汁と水を合わせて 100cc

下ごしらえ

- あさりは殻をこすり合わせて洗い酒蒸しする。
  （小さいあさりのときは、半量分殻からはずし、身だけ取る。）
- 新玉ネギは半分に切り、1cmのくし切りに。
- 春雨は熱湯でもどし、5cmの長さに切ってザルにあげておく。
- 万能ネギは5cmの長さに切り（茎が太い場合は半分にする）、茎と葉を分けておく。

何度も作ったけどおいしくてお箸が止まらない♡♡

作り方

1. 鍋を熱しゴマ油を入れ、中火でニンニク、生姜を炒め、香りをだす。

2. 万能ネギの茎、豆板醤を炒め、紹興酒、醤油、砂糖、あさりの汁と水、春雨と新玉ネギを炒める。

3. まだ少し汁があるうちにあさりと万能ネギ（葉）を入れ炒め合わせ、できあがり。
   味見して、うすいようなら少し醤油を足してください。

「あさりを直接煮込む方法でも作ってみましたが、あさりの大きさで加える水分量が違ったり、身が固くなったりでした。一手間ですが、酒蒸しあさりを使うと、身に火が通り過ぎずにおいしくできます。あさりが好きで、余分に買って酒蒸しし、冷蔵庫のチルド室で保存しています（3、4日OK!）。お味噌汁、炒め物、スープにと、すぐ使えます」（ママン）

🐔🥚 ニラ玉

材料　2〜3人分

　🌱 ニラ　　　1束　4cm長さに切る
　🥚 卵　　　　1個

A {
　だし汁（または水＋鰹だしの素小さじ1/4）
　　　　　　　1カップ
　🍶 醤油　　小さじ1
　みりん　　　大さじ1
　砂糖　　　　小さじ1
　粗塩　　　　小さじ1/4
}

作り方
1、ボールに切ったニラと卵をよく混ぜ合わす。

2、鍋にAを入れ煮立たせる。
　　（写真は22cmのフライパンで作りました。）

3、もう一度1をよく混ぜてから煮立った汁に入れ、
　　フタをして1分30秒（卵に火がしっかり通っている状態）で
　　できあがり。

　　天然塩じゃないときは少なめにね。

「母はもっと甘辛のニラ玉をよく作ってくれました。田舎に行くとニラ畑があって、つんと延びた茎から線香花火のように白い花が咲きます。とっても丈夫な野菜みたいで、虫がつかない。店頭の『花ニラ』の花は、毎年芽が出て花が咲き、どこでも育つ、強くて可憐な花です。白、青色のほかに珍しいピンク色の花もあります」（ママン）

🐟 初かつお 新玉ネギたっぷり野菜のせ 香味たれ

材料　2人分

- 🐟 かつお 刺身用　1さく
    7〜8mm厚さに切る
- 🥬 水菜　1/3束　3cm長さに切る
- 🧅 新玉ネギ　1玉　うす切り
- ニラ　1/3束　8mmに切る

あしらい
- みょうが ┐
- シソの葉 ┘ 適量　千切り

たれ
- すり生姜　7g　大さじ1くらい
- すりニンニク　3片
- 醤油　大さじ3 ┐
- 酢　大さじ1　　│ 混ぜ
- みりん　大さじ1 │ 合わせておく
- ゴマ油　小さじ2〜3 ┘

作り方
1. かつおと野菜を切る。
    水菜と新玉ネギは、
    ふんわり混ぜ合わせておく。

2. たれを作る。

3. 皿に水菜と新玉ネギを敷き、
    かつおをのせ、上にも野菜をのせ、
    ニラ、みょうが、シソの葉をのせる。

4. たれをかけていただく。

「白山家は、まぐろよりかつおが好きです。お値段もお手ごろで近海物。
初物で秋より脂が少ないのですが、さっぱり好きにはいいですね」(ママン)
「酢めしにして丼ぶりにしても、おいしいです」(娘)

春 の お便り 1

菜の花、新玉ネギ、ウド、ホタルイカ、
そして鰆(さわら)など、春の食材が出回り始めました。

鰆は みそ漬け、照り焼き、ムニエル など
とても美味しい しっとりとした白身魚です。

お弁当屋開店当時は、築地で仕入れてましたので よく使いました。

38歳の未熟な主婦が始めたお弁当屋さんに
初日から現在まで買い続けてくださる
アイシン電機さん、ありがとうございます。

開店3年目に起こったわたしの有事に
3人の友人が代わってお店を開いてくださり、
友人の賑やかな声が、白山家の淋しさを救ってくださりました。
素敵な大人の女性、
林さん 松本さん 佐藤さん には
感謝してもしきれません。

3月は、私にとって初心を意識する気がひきしまる月です。
細々とお店を続けられることが幸せです。

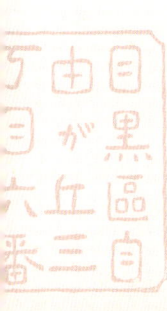

🍚 玉ネギたっぷり焼売 🧄

材料　1袋30個分　3人分くらい

A	豚挽肉	300g	
	干ししいたけ	2枚 戻して細かいみじん切り	
	長ネギ	50g みじん切り	
	生姜	10g すりおろす	
	粗塩	小さじ1	
	醤油	小さじ2	
	紹興酒または酒	小さじ2	
	ゴマ油	小さじ2	
	こしょう	少々	
B	玉ネギ	250g みじん切り	乾いたボールで
	片栗粉	大さじ2〜2 1/2	混ぜ合わせておく。
	焼売の皮またはワンタンの皮	1袋	

作り方

1. 大きめのボールにAを入れ、手でつかむようにして混ぜたら、写真のように熊手にして30回、同じ方向に回し混ぜる。肉に粘りが出て、重みが変わったことを確認して、まとめて持ち上げ3回ボールにたたきつける。それをもう1回繰り返し、粘りのある肉あんを作る。

2. 1をボールの中で広げて、中央にBをのせ、たたむように混ぜ合わせる。

3. 皮で肉あんを包む。
左手の親指と人差し指で輪をつくり、その上に皮をのせ中心に肉あんを詰める。上からヘラで押さえ、底は親指をあてて平らにする。

4. 沸騰した蒸し器に並べ、13分〜15分蒸す。
溶き辛子と酢醤油でいただく。

春の料理なのか悩んだけど　春っぽいから春にしてみた。でも一年中作れる！

「お店でお弁当に入れるときは、ワンタンの皮を使って大きく作ります。前日に包んだシュウマイを販売当日に蒸すので、玉ネギの甘い旨味が肉と馴染んで、おいしくなっているようです。干ししいたけを早く戻したいときは、お砂糖を少し入れてお湯で戻します。
以前、お客様から亡き母の味と同じと言われ、味の記憶はいつまでもいつまでも残ると実感しました」（ママン）

🐓 黒糖黒酢鶏 ₂₀₄

材料　2〜3人分

- 🐓 鶏胸肉　300gくらい 1枚
- A
  - 🧄 おろし生姜　5g
  - 🧴 醤油　小さじ2
  - 紹興酒または酒　大さじ1
  - 油　大さじ1/2
- 衣
  - 小麦粉 ） 各大さじ2
  - 片栗粉
  - 水　大さじ2〜3
- 🌱 白髪ねぎ　3cm分
  （千切りにして水に充分さらして、水気をよくとる）
- 🥬 水菜　洗って水気をとり、3cm長さに切っておく。
- 🫙 揚げ油
- 黒酢あん…鍋に合わせ混ぜておく。
- B
  - 🧄 ニンニク　薄切り 3枚
  - 黒糖　大さじ3
  - 黒酢　大さじ2〜1
  - 🧴 醤油　大さじ2
  - 水　大さじ5〜6
  - 片栗粉　小さじ2
- 仕上げに
  - ゴマ油　小さじ1/4

←肉の切り方の図（皮）

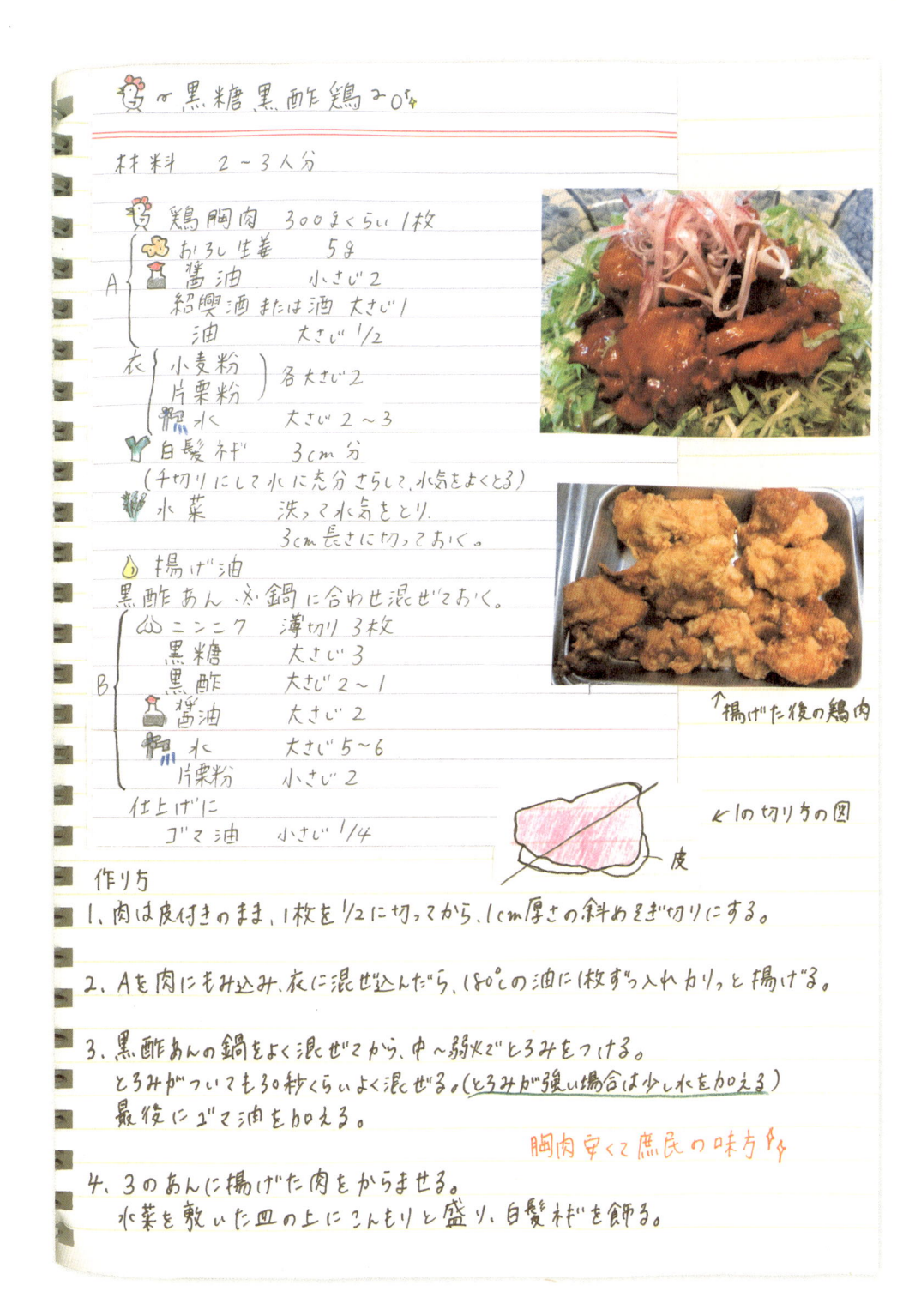

作り方

1. 肉は皮付きのまま、1枚を1/2に切ってから、1cm厚さの斜めそぎ切りにする。

2. Aを肉にもみ込み、衣に混ぜ込んだら、180℃の油に1枚ずつ入れカリッと揚げる。

3. 黒酢あんの鍋をよく混ぜてから、中〜弱火でとろみをつける。
とろみがついても30秒くらいよく混ぜる。(とろみが強い場合は少し水を加える)
最後にゴマ油を加える。

胸肉安くて庶民の味方♡

4. 3のあんに揚げた肉をからませる。
水菜を敷いた皿の上にこんもりと盛り、白髪ねぎを飾る。

「ぜひ、黒糖と黒酢で作ってみてください。酸味がやわらかくてワンランクアップした味です。鶏モモ肉や豚ロースやヒレ肉、牡蠣で作っても美味しいです。ピリ辛がお好みなら、たかの爪を輪切りにして、黒酢あんに入れます」（ママン）
「黒酢あんは濃い目で水菜と一緒にいただくのが、白山家流」（娘）

アスパラのサラダ カリカリベーコンと3ユーリ卵のせ

材料 2人分

アスパラ　　1束
A
- オリーブオイル　大さじ1
- ベーコン　1枚 20g　5mm幅に切る
- ニンニク　1片　みじん切り

B
- 白ワインビネガー または 酢　大さじ2/3
- 粗塩　適宜

仕上げに
- 半熟卵 または 温泉卵　1コ
- 新玉ネギ(みじん切り) または 酢玉ネギ　大さじ1くらい
- 黒こしょう　※

作り方

1. アスパラは、根元の皮が硬い部分は、ピーラーで皮をむく。
   沸騰した湯に粗塩(分量外)少々を入れ、根元からゆでて ザルに上げる。

2. フライパンにAを入れ、弱火にかけて、ゆっくりとカリカリにする。※※
   Bを入れ、しっかりした味付のドレッシングにする。

3. お皿にアスパラをおき、ドレッシングをかけ、卵をのせる。
   新玉ネギをパラパラとかけ、黒こしょうをひき、できあがり。
   卵もからめていただきます。

食卓が華やかになりそうなごちそうメニュー

「昔、代々木上原にあったフランス料理店『カストール』でいただいた一品をマネして作るようになりました。フランスパンを添えれば、お皿に残ったソースをキレイにいただけます」(ママン)

※ 酢玉ネギの作り方は、P25を参照ください(編集部)
※※「ベーコンがカリカリになったら、火を止めてください」(ママン)

筍ごはん

材料　　　4〜6人分くらい

米　3合

A {
　鶏もも挽肉　50g
　酒　　大さじ1
　醤油　大さじ1
}

B {
　ゆで筍　300g
　　穂先は縦薄切り、ほかはいちょう切り
　酒　　大さじ1
　醤油　大さじ1
}

粗塩　小さじ1弱
昆布　5cm×5cm　3枚くらい
（食べやすい大きさに切る）

作り方
1. 米を洗い、炊飯器に入れ
   水 2カップ (分量外) に
   1時間つけておく。

2. 鍋にAを入れ、肉をそぼろにする。
   次にBを入れさっと煮合わせる。
   煮汁だけ取り分ける。

3. 炊飯器の3合の目盛りまで、
   煮汁と水 (分量外) を入れ、
   粗塩、昆布、荒熱のとれた筍をのせ
   スイッチを入れて炊く。

4. 炊き上がったら、さっくり混ぜて
   蒸気を逃がす。
   炊きたてを いただきます。

―鶏もも肉で作っても おいしい。

炊きたては幸せの味

「湿った土のついた新鮮なタケノコを見かけると、つい買ってしまいます。白山家の『筍ごはん』、この作り方の他に、油揚げと鶏の小間肉、みりん少々の入ったボリュームのあるのも作ります。モチ米も加えれば、おいしさアップです」（ママン）

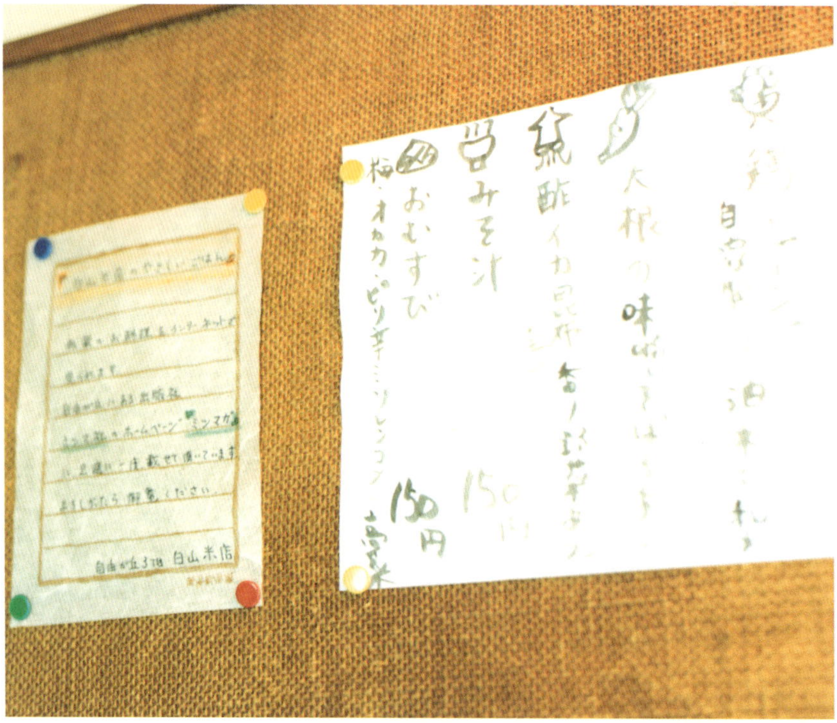
自由が丘3丁目 白山米店
大根の味
みそ汁
おむすび
150円

店頭のお品書
墨をすって、娘が書く
お弁当メニュー。
食材の絵が笑っています。

春 の お便り 2

毎日毎朝飲んでいる紅茶です。
茶葉とティーバッグは近所の「大丸ピーコック」で
買っている「waitrose」のもの。
山が家では 4人分も 鍋で煮出して
ミルクティーにして 飲んでいます。
鍋は 柳宗理の ミルクパンです。
紅茶を毎日飲むと、
風邪をひかなくなるようですよ。

人参はヘタを、セリは根っこを水につけておくと、
数日でこんなふうに芽が出てきます。
炒め物や煮物に
ちょこんと少し飾るだけでも
印象が変わります。

寒い中、裏家の白梅が咲いています。
年を重ねるごとに寒さに敏感になって、
今日はタートルネックセーターを3枚重ね着です。
この寒さで
20代に編んだ厚手のセーターが重宝しています。
築50年の店舗兼住宅なので、すきま風が入り、
居間がなかなか暖まりません。
そのお蔭で 自然に寄り添った生活が
できているような気がします。

春 散歩

春の光の中、暖かさを待ってましたとばかりに、
晩秋に植えたチューリップの球根から芽が出ました。

使いのこりの人参のヘタからの新葉も、
ためらいが消えたようにグングンのびて、レースのようにきれいです。
セリの根からは、ここ数日で
ワッサワッサと葉がのび早回しで成長を見ているようです。

ちょうど
梅の花が満開のころ、
すばらしい散歩道に出会いました。

東急多摩川線「鵜の木」駅から10分ほど歩いた大田区西嶺町22観蔵院の近辺。
昔からのお屋敷街に、大きな梅林と緑の垣根。
時代をこえた美しい景観に、ため息がでます。
ずーっと残っていてほしい、宝のような地区でした。

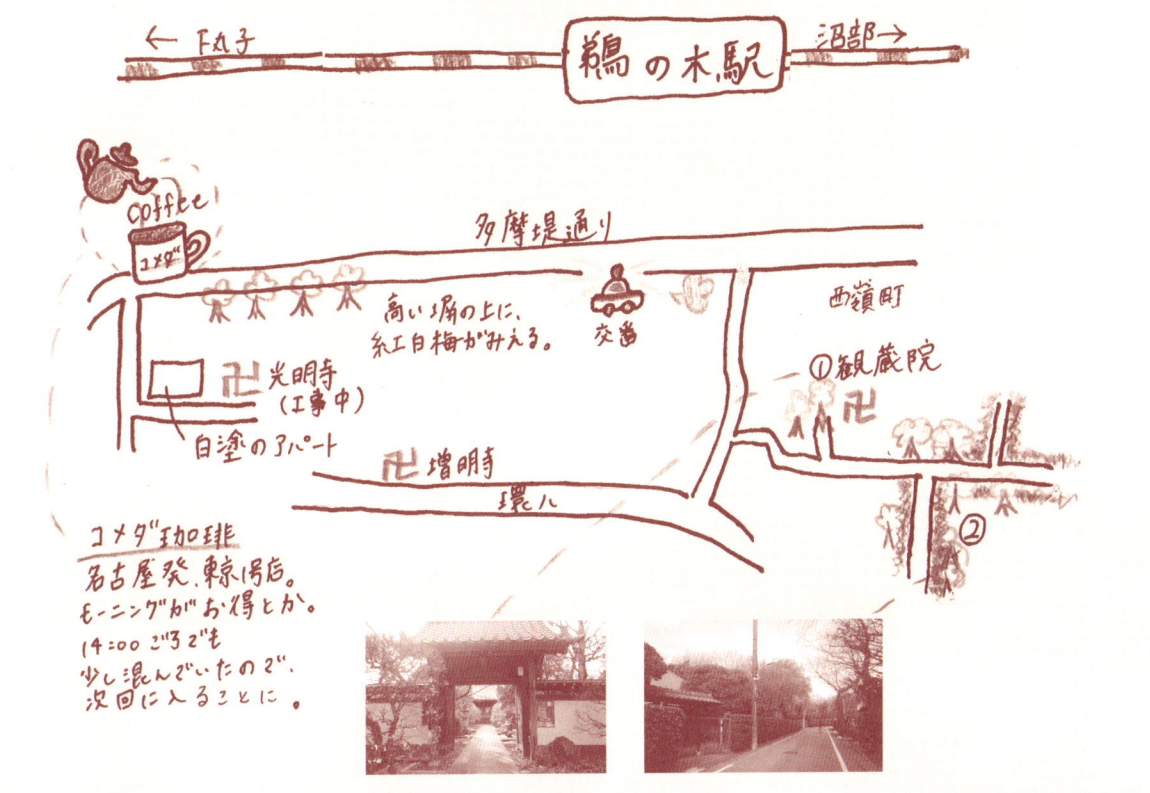

←下丸子　　　鵜の木駅　　　沼部→

多摩堤通り
高い塀の上に、紅白梅がみえる。　交番　西嶺町
coffee
コメダ
卍光明寺（工事中）
白塗のアパート
卍増明寺
環八
①観蔵院
②

コメダ珈琲
名古屋発、東京1号店。
モーニングがお得とか。
14:00ごろでも
少し混んでいたので、
次回に入ることに。

夏

鮎(あゆ)
いさき
鰹(かつお)
いか
梅
らっきょう
枝豆
いんげん
モロヘイヤ
ピーマン
おくら
しそ
かぼちゃ
冬瓜
トマト

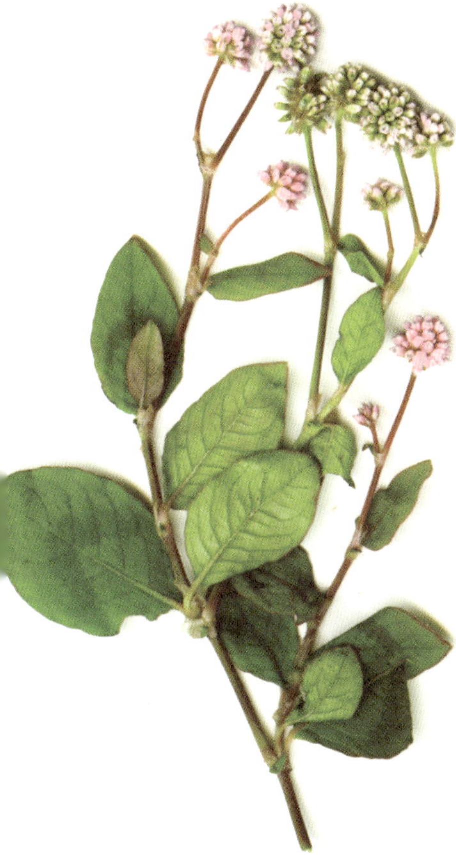

ごま味噌汁　冷や麦のつけ汁

材料　2人分

A ｛
　味噌　　　大さじ4
　砂糖　　　大さじ1〜2
　すりごま　30g
　水　　　　150cc
｝

きゅうり　1本　輪切りスライス
シソ　　　1束　千切り

作り方　　　**田舎の味♡♡**

1. 器にAを混ぜ合わせる。
　水で少しずつ味噌を溶かすように。

2. 1にきゅうり、シソを混ぜ合わせる。
　冷蔵庫で冷やしておく。

3. 冷や麦をゆでる。
　※冷や麦の量はお好みで♡♡

4. ゆであがった麺を汁につけていただく。

去年の夏、ばばちゃんに作ってもらったらちょっと味がうすかった…(笑)
氷、入れないほうがよかったかもね。

わが家では必ず"炒りごまを軽く炒って、
すり鉢ですっています。
もっともっとおいしくなります♡

「暑さでほてった体を冷やしてくれるきゅうりがたくさん入ったつけ汁は、娘とわたしの好物。実家の母の味で、ごま好き、味噌好きにはたまりません。一手間ですが、炒りごまをさっと炒りなおし、すり鉢ですると、さらに風味が良くなります」(ママン)

🫛 インゲンのサラダ

材料　2〜3人分

🫛 インゲン　1袋 150g

A ｛
　🧅 酢玉ネギ　大さじ2　みじん切り
　エキストラバージンオリーブ油　小さじ 1 1/2
　🍋 レモン汁または酢　小さじ1
　粗塩　2つまみくらい
　こしょう　少々
｝

作り方

1. 酢玉ネギを作る。
　（玉ネギのみじん切りに酢 少々を入れ、
　　混ぜておく。）

2. インゲンは筋をとり、熱湯に粗塩(分量外)
　少々を入れ、色よくゆでる。(2〜3分)

3. ザルにあげ、冷蔵庫に入れるか、
　冷たい風にあて粗熱がとれたら
　縦に半分に裂く。

4. ボールにインゲンとAを入れ、
　手でよくからめ合わせる。

インゲンのキュッキュッていう食感が楽しくて好き。

「インゲンを縦にさくと、ドレッシングがからみやすく、おしゃれです」
（ママン）

🐔 鶏肉とトマトの煮込み 🍅

材料　3～4人分くらい

- 🐔 鶏もも肉（唐揚用）　350g
  - 粗塩　　　小さじ1　⎫
  - こしょう　適量　　　⎬ 鶏肉の下味
  - カレー粉　小さじ1　⎭
- 🧄 ニンニク　2片　　　　⎫
- 🧅 玉ネギ　1/2コ　　　　⎬ みじん切り
- 🌿 セロリ（葉の部分）1本分⎭
- 🫑 ピーマン　2コ　⎫
- 🥕 人参　　　1/2本⎬ 8mm角切り
- 🥒 ズッキーニ　1本　5mm幅輪切り
- 小麦粉　　適量
- オリーブオイル　大さじ2
- 🧴 醤油　小さじ1
- 酒　　大さじ1
- 🥫 トマトカット缶　1缶
- 水　　200～300ccくらい

父の若い頃の思い出の味

作り方

1. 鶏肉に粗塩、こしょう、カレー粉でしっかり下味をつける。小麦粉を皮面と裏面の両面につけて、余分な粉をはたいておく。

2. 熱したフライパンにオリーブオイルをひき、皮目からしっかり焼き色をつける。裏面も焼いて取り出しておく。

3. 同じフライパンでズッキーニを焼き、取り出す。

4. 角切りしたピーマンと人参、ニンニク、玉ネギ、セロリを少し色づくまで炒める。

5. トマト缶、鶏肉、ズッキーニ、酒大さじ1を入れる。鶏肉がかぶるくらいの水量で煮込む。水分が足りないようなら足す。

6. 沸騰したら弱火でフタをして15分煮込む。仕上げに醤油を入れ味見。少し火を強め、5分煮つめてコクを出し味見してできあがり。

何でも味見大事 そして肥える母娘。

「このレシピは、白山家の定番です。鶏を使うときは、臭みが残らないよう、脂と筋を取ることに気を遣います。鶏肉にしっかり焼き色をつけると、おいしくなります。トマトはきゅうり同様、体の熱を取ってくれます。隠し味に入れたカレー粉と醤油で、ごはんに合います」（ママン）

夏野菜のマリネ

材料　3～4人分くらい
　　　※2時間後～1週間いただける

野菜　400g
　玉ねぎ　パプリカ（赤・黄）　きゅうり
　人参　セロリ　など
マリネ液
　粗塩　小さじ1/2
　酢　200cc
　蜂蜜　大さじ1　　　　　｝ A
　粒こしょう　大さじ1
　ローリエ　1枚
　たかの爪　1本
　あれば、お好みでハーブ

作り方
1. 野菜は1cm長さに切っておく。
　 玉ねぎはくし切り、きゅうりは種のところを少し切っておく。
　 人参は7～8mm角切り。　長いちがかわいい♡

2. 湯をわかし、野菜をゆがく。
　 ※固い人参を入れたら、他は全部一緒に8秒ゆがく。

3. 2をザルにあげ、粗熱をとる。

4. Aを加熱し、粗熱をとる。

5. 保存袋に野菜を入れ、マリネ液を注ぎ空気を抜いて
　 冷蔵庫で漬ける。
　　　　　　　　　　色がキレイでかわいい♡♡

6. 器に取りいただく。

生姜の香りのイカの炊き込みごはん

材料　2人分

イカ　1杯（ワタを取って150gくらい）

A
- 生姜　みじん切り　大さじ2
  （苦手な方は少々にしてください）
- 醤油　　　　　大さじ 1 1/2
- みりん　　　　大さじ 1 1/2

米　　　2合
昆布　短冊切り 5cm角分
醤油　　　　大さじ1
水　　　1カップと 140cc

作り方

1. イカは長さ 3～4cm 幅の短冊切りにし、Aに30分以上漬けておく。

2. 米を洗い、水 140cc に吸水させる。
　（夏場は30分、冬は60分くらい）

3. 2に1と醤油大さじ1を加え、昆布を入れ、炊き上げる。

4. 蒸らしが終わったら、ふっくらとやさしく混ぜて、できあがり。

みっちゃんのパパ　いつもごちそうさま。
これからもどんどん釣ってきてください。

「イカの大きさによって醤油の量が変わりますが、夏なので濃い目に味付けしてみました。イカは、天ぷらやお刺身にしたり、炒め物にしたりと様々な姿に変わります」（ママン）

鶏つくねとおくらのスープ

材料　2人分

A ｛
- 鶏ひき肉　　150g
- 酒　　　　　小さじ2
- 生姜(すりおろし)　大さじ1
- 味噌　　　　大さじ1
- 片栗粉　　　大さじ1
｝
- 水　　　　　500cc
- 昆布だしの素 (1/2袋 4g) 小さじ1
- 粗塩　　　　適量
- おくら　　　5本　2~3mm小口切り
- 黒こしょう　少々

作り方

1. Aをねばりが出るまで手で回し混ぜ、スプーンか、水で手をぬらして団子状に8分割する。

2. 鍋に水500ccを沸かし、昆布だしの素と1のつくねを入れる。

3. つくねに火が通ったら (1分30秒~2分) 味を見て、粗塩を足す。

4. おくらを入れ、さっと火を通して、とろみを出します。

5. お椀に入れ、黒こしょうをふってできあがり。

粘り好きだから夏によく使う。

「つくねの煮物をお店のお弁当に入れるときは、粗みじん切りの玉ネギをたくさん混ぜて、ボリュームを出します。フライパンで焼き、醤油、砂糖、みりんを同量で甘辛味に味付けしても美味しいですよ」(ママン)

手さげ袋
米屋にねむっていた前掛けで作った袋。
これを持っていると、よく声を掛けられます。

お弁当屋さんの店頭
店頭には季節の花や果物。
椿は出版決定記念で求め、
田舎のきんかん、レモンをおいて。

夏 ライフスタイル

わが家の裏の家で採れた梅です。
毎年いただいて 梅干しや、梅シロップ
(水で割ってジュースにしたり、カキ氷にかけたり)を作ります。
梅干しは、お弁当屋さんのおむすびの具にもなっています。

このレバーの煮物は 義母から おそわったもの。
新鮮だから照りもよく、次の日でもとっても おいしい。
今日は夫が「紀ノ国屋」さんで買った鮎を七輪で焼き、
他に鯵寿しも作ってくれて、お料理も上手になってきました。

小粒苺を見つけると、ジャムを作りたくなります。
ヘタを取り、白山家は苺の重さに対して30%のお砂糖で
コトコトとアクを取りながら煮詰めるだけ。
仕上げにレモン汁を入れて。
う〜ん。シアワセな香りね。

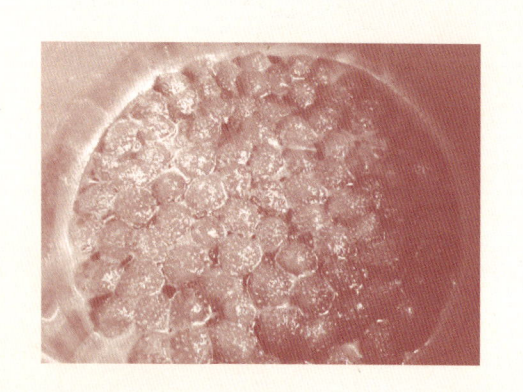

夏のお便り

白山米店にお立ち寄りくださるみなさま、
　　ありがとうございます。

1年前から始めたレシピの連載、不慣れなレシピ作業に
悪戦苦闘しております。

世の中、耳を塞ぎたくなるようなニュースを聞くたびに、
罪を犯した方の小さいころの食事が気になります。

少しでも、わたしのレシピが、
みなさまのお役に立てれば嬉しいです。
豊富な食材から
好きなお料理をつくれる喜びに感謝しております。

どうぞ、これからもときどきお付き合いくださいませ。

日本、世界の女性が
笑顔で、お料理をつくれる日を願っております。

　　　　　　　　　　　　　　　白山ママン

ピータン豆腐

材料　4人分

- 絹ごし豆腐　1丁
- ピータン　1コ　1cm角切り
- 干しエビ　大さじ1　水で戻してみじん切り
- ザーサイまたは高菜　大さじ2　みじん切り
- 長ネギ　大さじ2　みじん切り
- きゅうり　1本 ┐
- プチトマト　1/2パック 6〜7コ ┘ 8mm角切り

かけたれ
- 醤油　大さじ2 ┐
- ゴマ油　大さじ1/2〜1 ├ 混ぜ合わせる
- 酢　大さじ1 ┘
- ゴマ　大さじ1/2 — 仕上げにかける

※ ピータンは水につけておき、土をはがしてから、殻をむく。匂いがきつい場合は切って、しばらくおいておくと匂いが飛んで食べやすくなる。

作り方
1. よく水を切った豆腐を盛りつけ皿にのせて冷蔵庫へ入れる。

2. 材料を切る。

3. 冷蔵庫から豆腐を出し皿の水気をとる。

4. 豆腐の上にピータン、干しエビ、ザーサイ、ネギをのせ、きゅうり、トマトを散らし、たれ適量（分量は少し多めです）をかけ、ゴマをふったらできあがり。

※ ミシマガに掲載するために久しぶりに作ったの。やっぱりおいしい。アヒルさん

「最近のピータンは匂いがやわらかです。ピータンの黄身のねっとり感と、透明感のあるプルプルした琥珀色の白身が豆腐と合います。干しエビは、手に入れば国産のものがおいしいです」（ママン）

※ 平日開店ミシマガジン……http://www.mishimaga.com/yasashigohan/

🌽 とうもろこしごはん

材料　4～6人分

🌾 米　3合

🌽 とうもろこし　1本
　バター　10g
💧 水　適量
　粗塩　小さじ1/2

作り方
1. 米を洗って炊飯器に入れ、
　3合の目盛りまで水を入れ
　30分以上吸水する。

2. とうもろこしの皮をむき、
　半分に切り、立てて包丁で粒をカットする。
　取りきれなかった芯に残った粒元は
　スプーンでこそげとる。
　(とっても甘くて美味しいところ)

3. 1の炊飯器に粗塩小さじ1/2を入れ、
　ざっと混ぜ、2のとうもろこしを全体にのせ、
　バターを入れて炊く。

4. 炊き上がったら全体をさっくり混ぜて、
　蒸気をにがしできあがり。

ex 黄身が半熟の目玉焼をのせて、
　醤油を黄身にかけたら簡単ごはん。

「とうもろこしごはんに、黄身がゆるゆるの目玉焼をのせ、お醤油をたらり。・・・ウマ～イ！　即席手作りのお味噌汁もね。お椀にとろろ昆布、かつお節、味噌、ネギがあれば、熱湯をお味噌めがけて注ぎ、でき上がり。暑くて、何も作りたくないときでも、これぐらいは、やってね」
(ママン)

🥕 白山家のマーボー豆腐

材料　2人分

A
- 🐷 豚ひき肉　100g
- 🧄 ニンニク　6g 小さじ1 みじん切り
- 🫚 生姜　6g 小さじ1 みじん切り

B
- 🌶 豆板醤　小さじ2/3
- 豆鼓　20g 山盛 大さじ1 1/2

C
- 山椒　小さじ1/4
- 紹興酒　大さじ1
- 🫙 醤油　小さじ2
- 砂糖　小さじ1 1/2〜2
- 💧 水　1 1/2カップ

- 🥛 もめん豆腐　1丁 300g ※
- 水溶き片栗粉 適量
- ※片栗粉を同量の水で溶く

- 🌱 ネギ　10cm みじん切り
- ニラ　1/4束くらい 5mmに切る
- ゴマ油　肉を炒める時 小さじ1
　　　　仕上げに　小さじ1/2
- 🌶 ラー油　いただく時 小さじ1
- お好みで　山椒

作り方

1. 熱した鍋にゴマ油小さじ1を入れ、豚ひき肉をよく炒める。(肉から脂が出るまで)

2. 肉を脇によせて、Aを炒め、Bも炒める。Cを入れ沸騰したら豆腐を入れる。

3. 豆腐に味が染み込んだら、ネギ、水溶き片栗粉でとろみをつけて仕上げのゴマ油小さじ1/2を入れる。

4. 器に入れ、ニラをさっとのせ、ラー油をかける。お好みで山椒をふる。

大好き!!
週1で食べたい!!
父から禁止令でるほど大好き!!

「豆鼓と山椒で手軽に本格的な味になりました。何回でも飽きない家庭で作る味です。ニラ好きなので必ずのせます。ラー油は自家製なので、たっぷりかけても胃がもたれません」(ママン)

※「2cmのサイの目切りに」(ママン)

冬瓜の豚汁

材料　　たっぷり2人分

- 冬瓜　200g
- 豚バラ肉　50g
- 昆布　5cm角
    半分に切り、1cmに切る。
- 水　500cc
- 味噌　適量
- ゴマ油　適量
- おろし生姜、かつお節

作り方
1. 冬瓜は種、皮を取り、5mm幅に切る。

2. バラ肉は、3cm幅に切り、さっと湯がく。

3. ゴマ油少々で冬瓜を炒め、水、バラ肉、昆布を入れ、コトコト煮る。

4. 冬瓜がやわらかくなったら味噌で味つけ、器に盛り、仕上げにかつお節、おろし生姜をのせる。

※ 味噌の量は各家庭の好みにお任せします。

「わが家では味噌汁にダシが足りないと直接かつお節をかけてしまいます。これがまたおいしい。わが家の手作り味噌での分量は、大さじ1と二分の一でした」（ママン）

🍈 河内晩柑の寒天ゼリーマンゴのせ

材料　約10人分

- 🍈 河内晩柑またはグレープフルーツ
　または夏みかんなど　1コ分

　粉カンテン　　4g 1包
　水　　　　　800cc
　砂糖　　　　80g
　マンゴ　　　1コ 1cm角切り

あればアクセントになるミントや他の果物 少々
キウイフルーツ、ブルーベリーなど。

作り方
1. 晩柑は果肉を大ざっぱにほぐしておく。

2. 鍋に水とカンテン1包を入れ、沸騰後、
　中の弱火で2分よくかき混ぜてとかす。

3. 2に砂糖を入れてとかし、1の果肉を入れる。

4. 器に入れ熱さがとれたら、冷蔵庫で冷やす。

5. マンゴをのせ、ミントを飾る。

6. 器に取り分けていただく。

「お菓子好きの友人の恵美ちゃんは、大きな重たい晩柑を、電車で持って来てくれます。その晩柑から思いついたゼリーです。寒天は、ゼラチンと違って常温でもすぐに固まります。喉ごしがよくて、息子が大好き。フルーツは、季節のものを何でもどうぞ。特にマンゴのねっとり感は、この寒天ゼリーによく合います。
10人分くらいまで取り分けられるので、持ち寄りにもいいですね」(ママン)

夏野菜のキーマカリー

材料　4～6人分

- 挽肉（合挽）　　　　　　300g
- 玉ネギ（みじん切り）　　大1/2個（130g）
- 人参（すりおろす）　　　中1本（100g）
- 茄子（8mm角切り）　　　3本
  - 水につけてアク抜きする
- ピーマン（8mm～1cm角切り）大 3個
- ニンニク（みじん切り）　2片分
- 生姜（みじん切り）　　　小さじ2

A {
- カットトマト缶（400gくらい）1缶
- 水　　　　　　　　トマト缶1缶分
- 福神漬の汁　　　　1袋分（50ccくらい）
- ウスターソース　　小さじ1
- 蜂蜜　　　　　　　小さじ2
- カレー粉　　　　　大さじ4
  - ※辛いのが苦手な方やお子様 少なめに
}

- サラダ油　　　　　　大さじ1～2
  - ※脂分の多い挽肉には大さじ1、鶏挽肉には大さじ2
- 粗塩・こしょう　　　少々
- 干しぶどう（あればグリーンレーズン）大さじ2

作り方

1. 鍋に油を入れ、中火にかけ、ニンニク、生姜の香りを出し、玉ネギ、人参を少し色づくまで炒める。ピーマン、茄子を加えさらに少し炒めたら、脇によせて空いたところで挽肉をよく炒める。

2. 粗塩、こしょうし、カレー粉を肉に混ぜ合わせてから、鍋の脇の野菜と一緒に炒め合わせる。

3. 2にAを入れ、沸騰したら弱火でプツプツと30分煮る。　**ヤケド注意!!**
   （途中焦げないように底に木べらをあてて、かき混ぜる）
   ※急いでいる方は、フタをあけたまま焦げないように混ぜながら煮込む。

4. フタをとり、さらにときどきかき混ぜながら、20～30分煮る。
   レーズンを入れ味見をし、塩気が足りないようなら粗塩を足す※完成。
   ※我が家のカリーのごはんは米3合に押し麦1カップ入れて、少し固めに炊きます。
   麦のプチプチ感がカリーと合うんです。

ごはんと一緒に食べる。ラッキョウも合うよ。福神漬は絶対!!（無いと怒られる…泣）

「合挽は少しこってり、鶏挽はさっぱりと、豚はその中間でしょうか。九品仏のオーガニックレストラン『ツチオーネ』は鶏挽で、義母は『おいしいね～』といただいていました。ゆで卵を丸ごと仕上げに加えれば、ボリュームあって楽しい『ゆで卵と夏野菜のキーマカリー』。素揚げしたパプリカ、なす、インゲン、ズッキーニ、ゴーヤなどちょっと添えれば、カジュアルなおもてなしになりそう」（ママン）

お弁当屋をほぼ毎日やっていた時のサラダ見本の中身

サラダの見本
とってあった包装紙と折り紙を切って見本に。
こんなふうに家にあるもので作れると嬉しい。

ジンジャークッキー
娘が2才のとき、一度だけ行ったハワイ。
「コンプリート・キッチン」の
使いにくくて放ってあった型で、
娘が根気よく作れるようになった。
素朴な味。

お気に入りの道具たち
近所の桜の枝を挿した、年代物のゆきひら鍋
古いシーツは、台ふきに。手縫い好き。
スポンジはアクリル毛糸を編んだものを2本どりで。
洗剤を使わなくてもきれいになります。
調理道具は長いお付き合いになります。

しゃもじ
景品の安いおしゃもじでも、
表面を彫ればごはんもつきにくく、
楽しく愛着あるものに。
柄に名前の頭文字を入れて。

秋

秋刀魚（さんま）
鮭
鰯（いわし）
蓮根
しいたけ
しめじ
生姜
さつま芋
菊の花
春菊
山芋
人参
栗
里芋

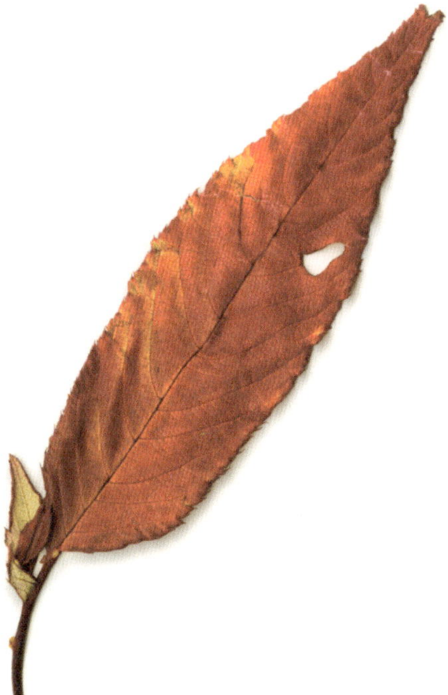

🍆 焼き茄子丼ぶり

材料　2人分

- 茄子　　5本
- 生姜　　1/2片 15g みじん切り
- 合挽肉　100g
- 醤油　　大さじ2
- 酒　　　大さじ2
- 砂糖　　大さじ2
- 水　　　100ccくらい
- 白いごはん　2人分

仕上げに
- 醤油　　大さじ1/2

白山家伝統の味！！
　引きつがなきゃ…。

作り方

1. 焼き茄子を作る。
　ガスコンロに金網をのせ強火で茄子を焼く。
　網がない場合は五徳の上に直接置いちゃって大丈夫です。
　裏も焼き、黒くススが出るまで焼きます。
　おいしそうなにおいがしてきます。
　よく焼いたら、水を張ったボールに茄子を入れ、
　皮をむき、食べやすい大きさに切ります。
　※水に浸しすぎると、焼き茄子の香りが飛ぶので注意！！

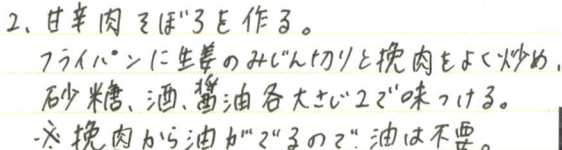

2. 甘辛肉そぼろを作る。
　フライパンに生姜のみじん切りと挽肉をよく炒め、
　砂糖、酒、醤油各大さじ2で味つける。
　※挽肉から油がでるので、油は不要。

3. 水100ccを加え、焼き茄子を入れて煮る。
　茄子に味が染みたら、味をみて
　仕上げに醤油大さじ1/2を入れる。

4. 丼ぶりにごはんを盛り、3を上にのせる。

「毎年茄子の季節が近づくと食べたくなる丼ぶりです。義母の味を引き継ぎ、夏になるとよく作りだします。白山家は汁だくが好きなので汁を多めに。甘めがお好きなら、砂糖を多めにしたりと水加減、味の好みは家庭によってそれぞれですね」（ママン）

🍒 りんごの白和え

材料　　　　　2〜3人分くらい

📄 木綿豆腐　　200g
　砂糖　　　　大さじ2
　粗塩　　　　小さじ1/4
🍒 りんご　　　1個

変色止めに塩水　適量

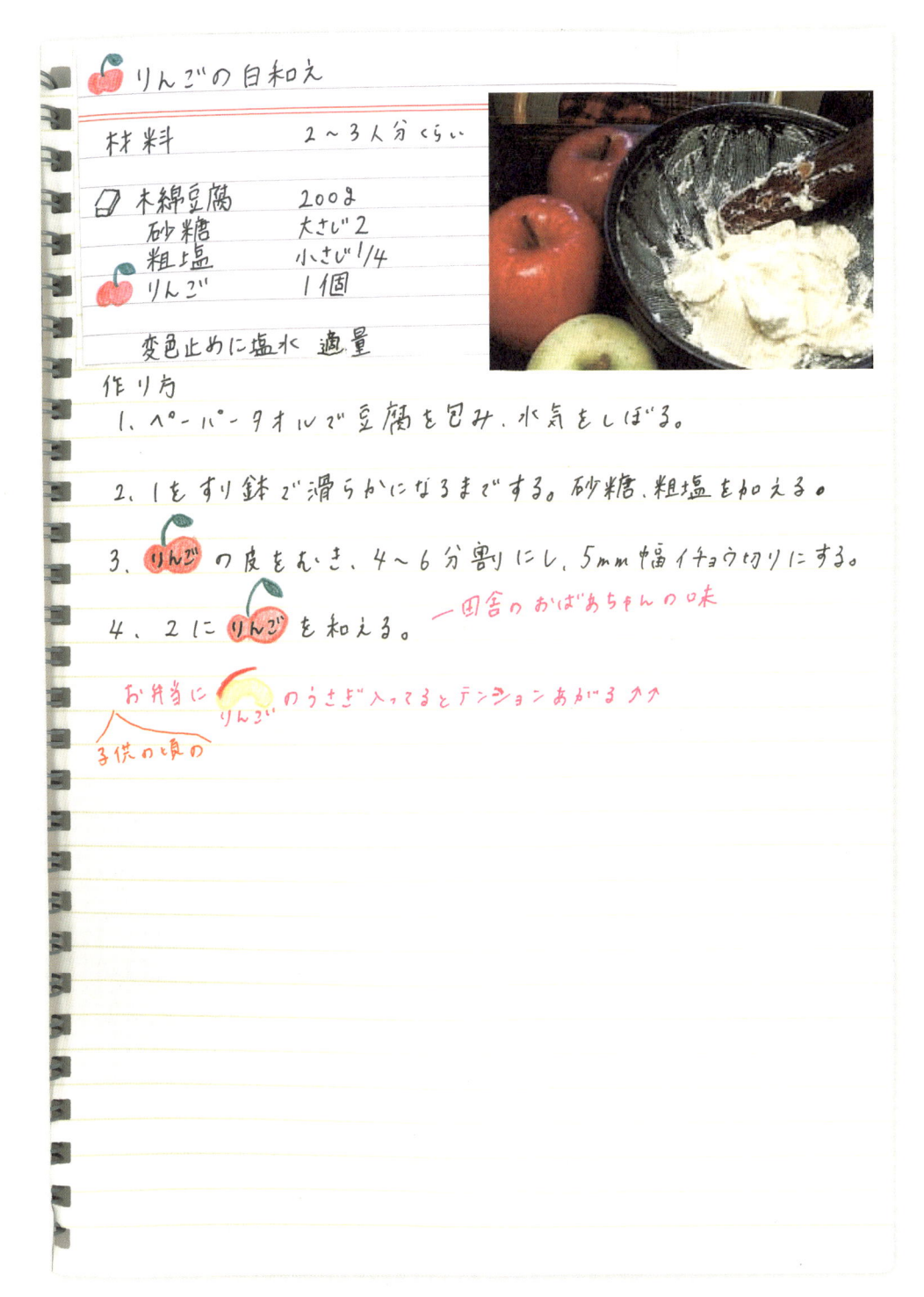

作り方

1、ペーパータオルで豆腐を包み、水気をしぼる。

2、1をすり鉢で滑らかになるまでする。砂糖、粗塩を加える。

3、🍒 の皮をむき、4〜6分割にし、5mm幅イチョウ切りにする。

4、2に🍒 を和える。　　―田舎のおばあちゃんの味

子供の頃のお弁当に🍎 のうさぎ入ってるとテンションあがる↗↗

「私の5歳上の兄（たかちゃん）の大好物でした。
母は山盛りのりんごの白和えを作り、たかちゃんは丼ぶりいっぱい食べていました。白山家の男子には不評ですが、娘と私は爽やかな味に箸が止まりません」（ママン）

焼鮭ときのこの炊き込みご飯

材料　米2合分

- 甘塩の焼いた鮭　1切
  酒　　　　　　小さじ1

- きのこ類（石づき取って）120gくらい
  （しめじなら1パック）

- 米　　2合
- 水　　360cc
- A { 醤油　大さじ1
     酒　　大さじ1
     粗塩　小さじ1/4 }

- ゆでた枝豆　少々

作り方

1. 焼いた鮭に酒小さじ1を振りかけておく。

2. 米は、洗ってざるで水切りし、炊飯器に入れ、水360ccで30分くらい吸水させる。

3. きのこ類は石づきを取り、小分けする。

4. 2にAを入れひと混ぜする。
   きのこ、鮭をのせて炊く。

5. 炊き上がったら、鮭を取り出し、骨を取り戻す。

6. 全体をさっと切るように混ぜてできあがり。
   器に盛り、枝豆を散らす。

書いてたらお腹すいてきた…今、AM 2:34 ね、ね、ネムイ…

「鮭を焼くひと手間が、おいしくします。
行楽の秋、おむすびにしてでかけてもいいですね」（ママン）

🐔 前日に漬け込む鶏チャーシュー

材料　2人分

🐔 鶏もも肉　2枚

漬けたれ
- 🍶 醤油　　大さじ 2 1/2
- 🍯 蜂蜜　　大さじ 1
- ✳ 八角　　1ヶ
- 🌶 鷹の爪　1〜2本
  （ハサミで輪切り）

作り方

1. 余分な脂や筋を取り、鶏肉の下処理をする。厚い部分は斜めに包丁目を入れ、厚さを揃え、1枚を縦1/2に切る。

2. 鶏肉にたれをからめ、ビニール袋に入れ、冷蔵庫で1日漬ける。

3. オーブン230℃で皮目を表に15分、裏返して3分焼く。　——白山家はしっかり焼くよ。

「わが家ではさらに、好みの大きさに切ったチャーシューと醤油卵、青菜と一緒に白いご飯の上に盛り、丼にします。チャーシュー丼のかけたれは、漬けたれと同じ分量なので、同時に作っておくと良いです。ラー油とネギを和えてネギチャーシューにしたり、ネギチャーシューをラーメンにのせて贅沢に。その他にチャーシューを刻んで炒飯に入れたり、パンに挟んでサンドウィッチにしたり、用途はいろいろです」（ママン）

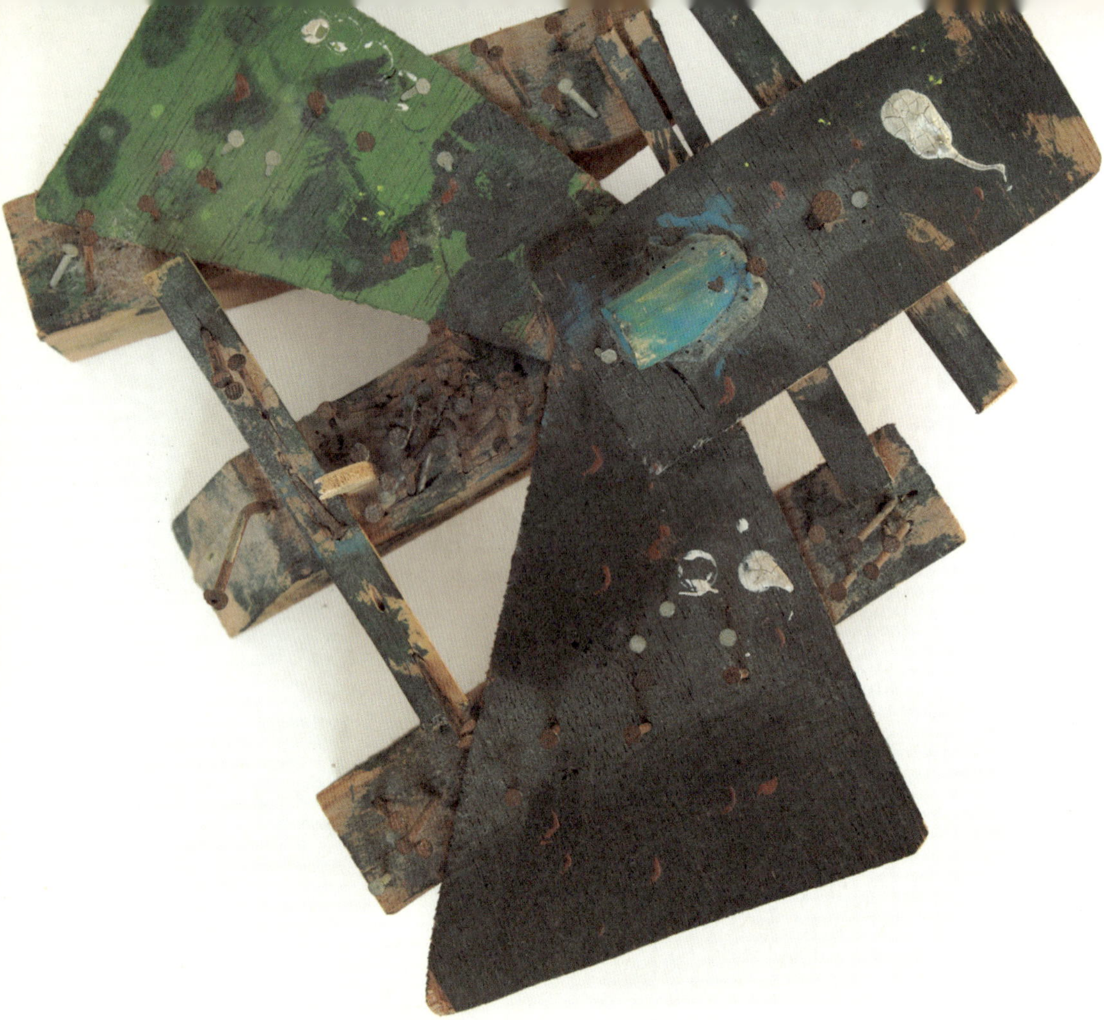

図工の作品
娘が小学生のときに作ったもの。
何だかわからない形、色使い、錆びた釘。
愛しいから、床飾りに。

白山家の蓮根の挟み揚げ

材料　3人分くらい

蓮根　300g

肉あん
- 豚ひき肉　100g
- A｛醤油／酒／ゴマ油／片栗粉｝各小さじ1
- こしょう　少々

揚げ衣
- 薄力粉　1/2カップ
- 片栗粉　大さじ2
- ゴマ油またはサラダ油　大さじ1/2
- 粗塩　小さじ1/4
- 冷水　100cc

作り方

1. 揚げ衣を泡立器ですり混ぜ、揚げる時まで冷蔵庫へ。

2. 豚ひき肉とAを練る。

3. 蓮根は皮をむき、水にさらして水気を拭き、8mm厚さに輪切りにする。
※皮の色が気にならない方はむかなくてもOK。

4. 肉あんをヘラでこすりつけて挟む。

5. 1の衣をよく混ぜ、4につける。鍋で1分30秒〜2分揚げた後、裏も同じ時間カラッと揚げる。
※油の温度は、衣を落としてサッと散っていくくらい。

→ レンコンの穴って根っこからつながってるんだってすごいね〜

「根菜好きな白山家では、蓮根が大好きです。肉あんに椎茸の軸のみじん切りをまぜて、椎茸の笠のヒダに塗りつけて衣をつけ、揚げてもとってもおいしいです。厚衣が好きな方は小麦粉を多めに入れてください」（ママン）

「揚げ衣が余ったら、エビや皮をむいたイカに薄力粉をたたいて衣をつけて揚げ、チリソース、マヨネーズソースに和えてもおいしいです」（ママン）

茄子の韓国風煮物

材料　2〜3人分

A {
- 茄子　　　　　3本
- 合挽肉　　　　150g
- 赤みそ　　　　大さじ1
- おろしニンニク　小さじ1/2
- 大葉　　　　　5枚分 粗みじん切り
- 片栗粉　　　　適量
}

煮汁
- 水　　　　　250cc
- みりん　　　大さじ1
- 砂糖　　　　大さじ1
- 醤油　　　　大さじ1 1/2

仕上げに
- 大葉　　　　5枚
- 糸唐辛子　　少々

作り方

1. 茄子はヘタを取り、縦半分に切る。水にさらし、アクを抜く。

2. 1の茄子に肉が挟めるよう、切り込みを入れる。皮目にも斜めに細く飾り包丁をする。
   - 飾り包丁
   - 切り込み

3. Aをこね、6分割して丸めておく。

4. 3の肉の全体に片栗粉をつけ、茄子にしっかり挟み込む。

5. 煮汁を沸かし茄子の皮目を下に強火で落としブタをして5分くらい煮る。裏返して中火で同じように落としブタをして5分くらい煮る。火の通りを確かめ、味をみる。濃いようなら水も足す。

6. フライパン返しでお皿に取り出し、大葉を手でちぎり、糸唐辛子を飾る。

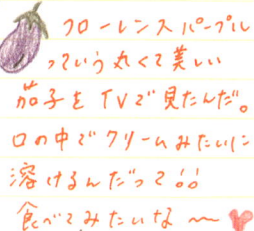

フローレンスパープルっていう丸くて美しい茄子をTVで見たんだ。口の中でクリームみたいに溶けるんだって!! 食べてみたいな〜♥

「鉄のフライパンで作ると、色よく仕上がります。色が抜けても、冷めると戻るときもあります。肉がはがれてしまっても冷めたときにまた付きますから、大丈夫ですよ」（ママン）

ふんわりハンバーグのきのこソース

材料　2人分

合挽肉　　　250g

きのこ　　　100g
　エリンギ, しめじ, しいたけ etc.
　しめじだけなら 1パック

玉ねぎ　　　50g

A
- パン粉　　　1/2カップ
- 牛乳　　　　50cc
- 卵　　　　　1/2コ
- 粗塩　　　　小さじ 1/2
- ナツメグ　　少々
- こしょう　　少々

焼き油用のオリーブオイル　適量
　　（サラダ油）

赤ワイン または 酒　大さじ2

B
- ケチャップ　　　大さじ3
- ウスターソース　大さじ2
- 醤油　　　　　　小さじ 1/2
- 水　　　　　　　大さじ5

洋食屋さんの味
付け合わせのライスコロッケの
作り方は ミシマがまで。

「ふわふわで外食しているようなおいしさです。
今までふんわりできなかった人も、これなら成功すると思います。
大きめなので、ごちそうですね」（ママン）

作り方
1. きのこは食べやすく切る。
   玉ネギは細かいみじん切り。

2. 玉ネギとAを混ぜ合わせる。

3. 2に挽肉を入れ、
   指先でほぐすようにむらなく
   混ぜ合わせる。
   ※絶対練らないようにする。

4. 2等分にして空気を抜くように成型する。
   30分以上 冷蔵庫でなじませる。

5. 焼く5～10分前に冷蔵庫から出す。
   熱したフライパンにオリーブオイルをひき、
   静かにおき、中央を指でおさえ、へこます。

6. 強火でハンバーグの両表面に焼き色が
   ついたらワイン(またはお酒)大さじ2を入れ、
   ハンバーグの脇にきのこをおく。

7. Bを合わせてハンバーグの周りに入れ、
   沸騰したら中の弱火にしてフタをし
   6～7分蒸し煮にする。
   ※ハンバーグから透明な肉汁が染みてくればOK。

8. フタをとり、ハンバーグをお皿にのせ、
   ソースの味加減や、量を調整して
   ハンバーグにかけて完成✨

白山家の焼き餃子

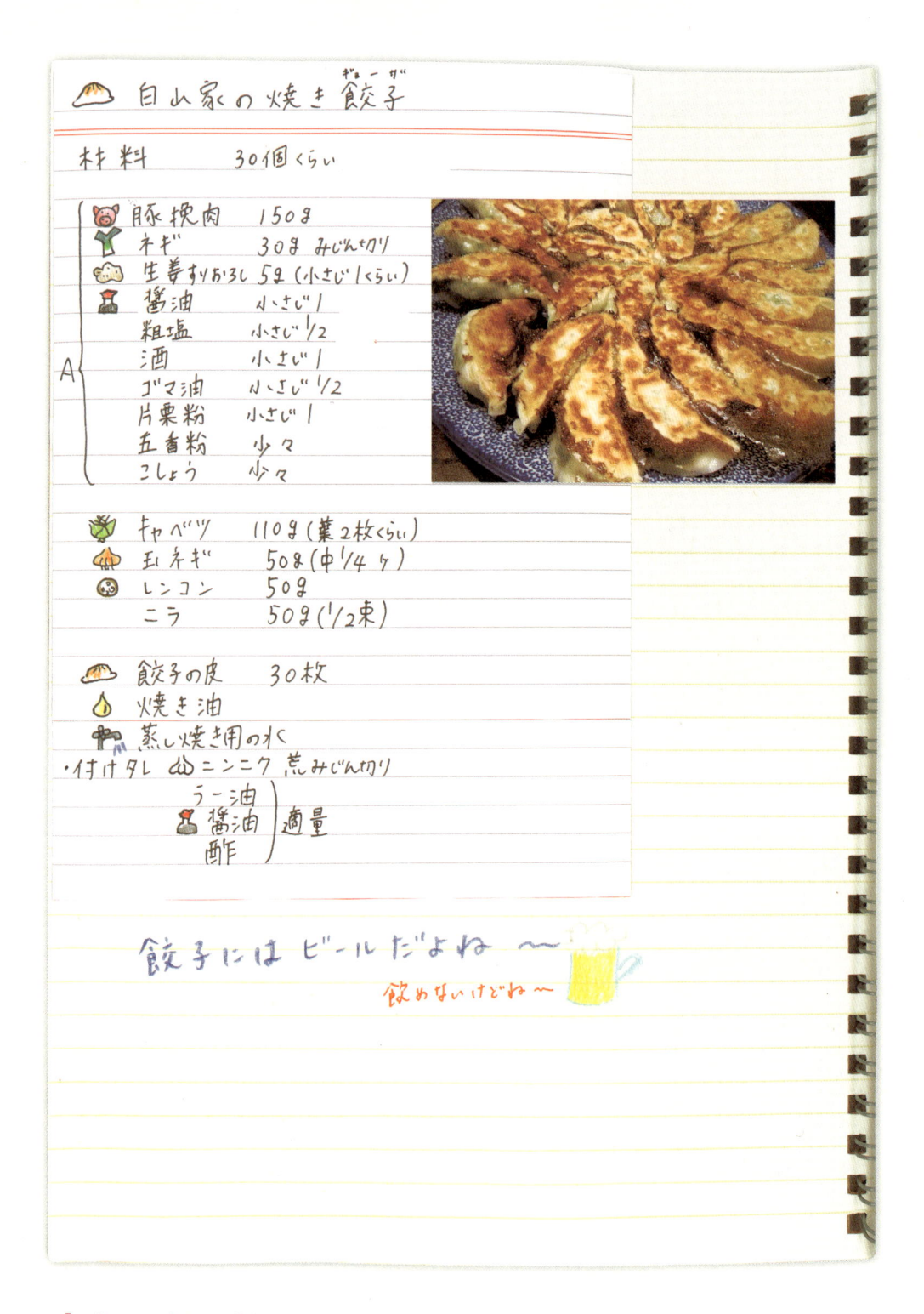

材料　30個くらい

A:
- 豚挽肉　150g
- ネギ　30g みじん切り
- 生姜すりおろし 5g（小さじ1くらい）
- 醤油　小さじ1
- 粗塩　小さじ1/2
- 酒　小さじ1
- ゴマ油　小さじ1/2
- 片栗粉　小さじ1
- 五香粉　少々
- こしょう　少々

- キャベツ　110g（葉2枚くらい）
- 玉ネギ　50g（中1/4ヶ）
- レンコン　50g
- ニラ　50g（1/2束）

- 餃子の皮　30枚
- 焼き油
- 蒸し焼き用の水

・付けタレ
- ニンニク 荒みじん切り
- ラー油
- 醤油　｝適量
- 酢

餃子にはビールだよね〜
飲めないけどね〜

「お店では、冷めても美味しいように揚げていますが、このレシピでは焼いてくださいね。野菜はゆでたりせず、生のまま入れるのが白山家流焼き餃子です。五香粉を少量入れると、本格的な味になります。急ぐときや、包むのが上手にできないときは、春巻きのようにくるむだけでもOK。焼き面が多く、おいしいです」（ママン）

作り方
1. キャベツ、玉ネギはみじん切り。
　レンコンは大きめのみじん切り。
　ニラは5mm長さに切っておく。

2. Aを全部混ぜ合わせる。
　指の間から、肉が出るように
　つかみ混ぜ、粘りが出たら
　さらに円を描くようにこね混ぜる。

3. 2に1を混ぜ合わせる。
　冷蔵庫で30分なじませる。

4. 餃子の皮に3を適量入れ包む。
　<u>我が家では具をたっぷり入れます。</u>
　<u>皮に包んでから焼くまでに</u>
　<u>時間があく場合は、</u>
　<u>野菜から水分が出てくるので、</u>
　<u>ラップを敷いた上に並べてください。</u>

　包むの難しいよね
練習するべし!!

5. 熱したフライパンに薄く油をひいて、
　餃子を並べ、水を入れフタをして蒸し焼きにする。
　水分がなくなったら油を少々回し入れ、
　<u>パリっと</u>焼き上げる。

6. お皿に盛り、ニンニクを入れたタレでいただきます。

娘の成人式の髪飾り
昔、造ったアートフラワーをリメイク。
布から染め、コテをあて花にする、
手間のかかる作業を
教えてくださった原先生は、お空に。

くまのパッチワーク
わたしの中学生のときのブラウスや
夫のシャツで作った、くまのぬいぐるみ。
好きな古着はとってあって、また、
何か作れるように。

冬

鰤(ぶり)
鱈(たら)
白子
はたはた
鰈(かれい)
かき
しじみ
ネギ
白菜
ほうれん草
ブロッコリー
カリフラワー
大根
かぶ
ター菜

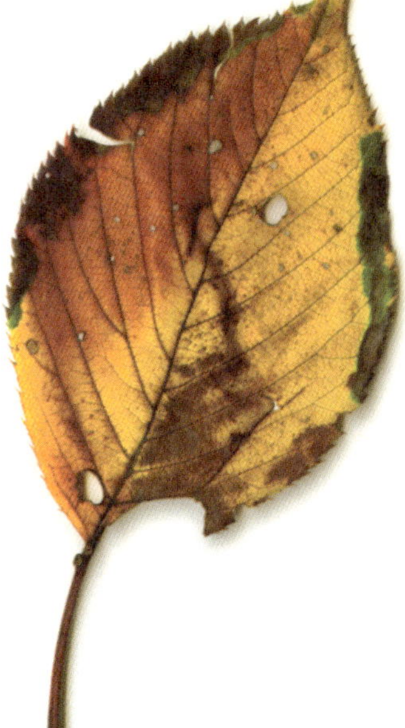

🎄 ガスパチョ冷製スパゲッティ

材料　　　3人分くらい
・ガスパチョソース

A ⎧
　│🍅 トマト　　　75g 中1/2個
　│　　※皮をむき、種をとる
　│🥤 トマトジュース　250cc
　│　ワインビネガー　小さじ2
　│　オリーブオイル　大さじ1 1/2
　│🧄 ニンニク(すりおろし) 小さじ1/2
　│🌶 一味唐辛子　　少々
　⎩　粗塩、こしょう　少々

　　スパゲッティ　200g　← 太い麺より細い麺のがおいしい。

B ⎧
　│　オリーブオイル　大さじ1
　│🥒 きゅうり　　3/4本
　│🌿 セロリ　　　1/2本
　│🫑 赤 ⎫
　│🫑 黄 ⎬ パプリカ　各1/8個
　│🦐 小海老 ⎫
　│🧆 帆立貝柱 ⎬ 適量
　⎩　塩、こしょう　少々
・あれば　生バジル　少々

作り方

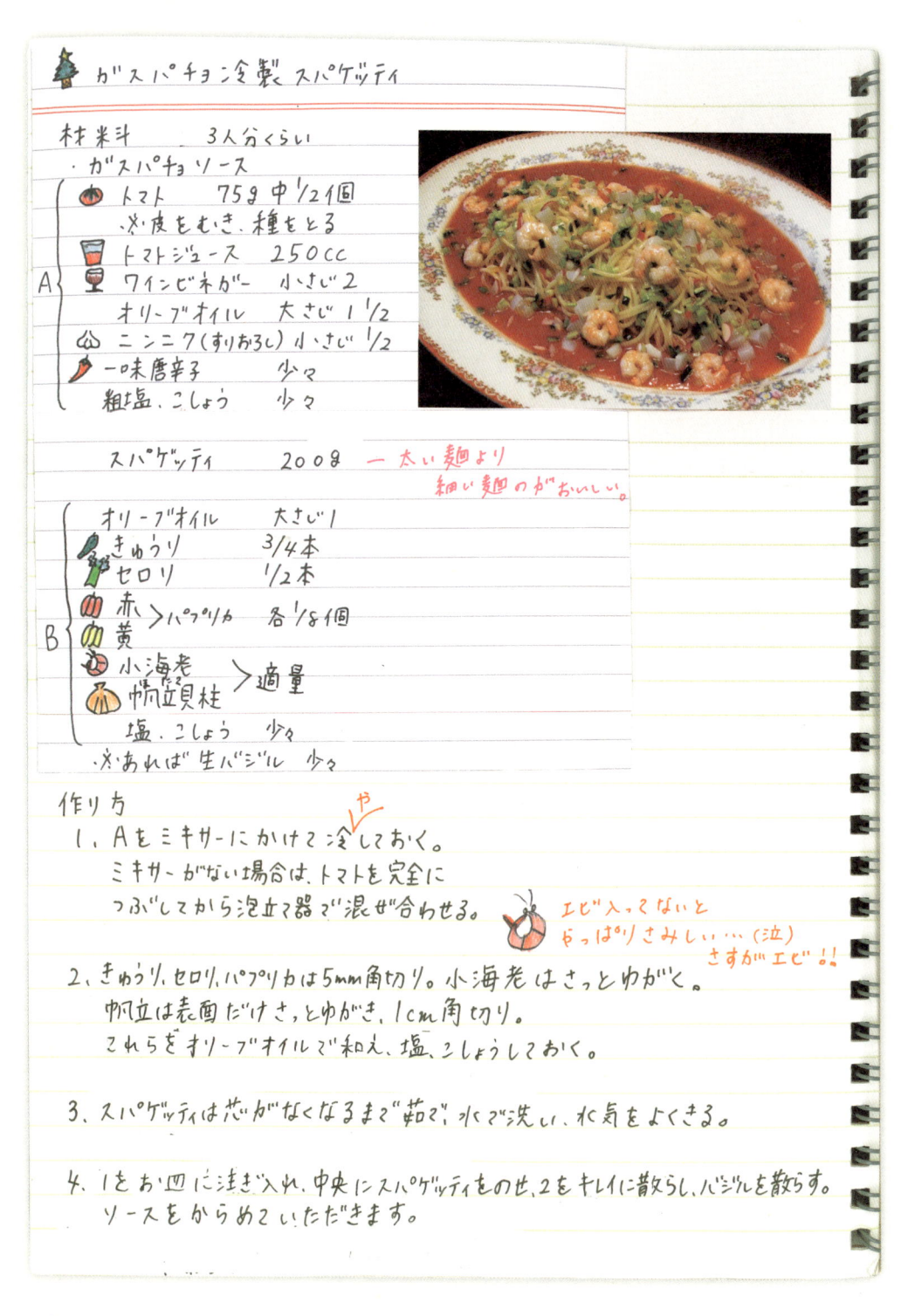

1. Aをミキサーにかけて冷やしておく。
　ミキサーがない場合は、トマトを完全に
　つぶしてから泡立て器で混ぜ合わせる。

🦐 エビ入ってないと
やっぱりさみしい…(泣)
さすがエビ!!

2. きゅうり、セロリ、パプリカは5mm角切り。小海老はさっとゆがく。
　帆立は表面だけさっとゆがき、1cm角切り。
　これらをオリーブオイルで和え、塩、こしょうしておく。

3. スパゲッティは芯がなくなるまで茹で、水で洗い、水気をよくきる。

4. 1をお皿に注ぎ入れ、中央にスパゲッティをのせ、2をキレイに散らし、バジルを散らす。
　ソースをからめていただきます。

「冬に冷製パスタ！　と思いますでしょうが、食卓も華やぎ、とても
美味しいです。パスタが冷める心配もないし、暖かい部屋でいた
だいてね」（ママン）

ツナチーズ入りフランスパン

材料

- 細身のフランスパン　1本
- クリームチーズ　200～250g
  - ※室温でやわらかく。またはレンジ弱でチン。
- ツナ缶　身100g～125g
- 粗塩、黒こしょう　少々

A
- 酢玉ネギ みじん切り　大さじ3くらい
  - または さらし玉ネギ
- パセリ みじん切り
- 赤・黄パプリカ
- セロリ
  　少々

→ 写真は太いパンだけど…本当は細い方がおいしいの。

作り方

1. フランスパンは、中をナイフでくり抜く。くり抜いたパンと端っこは、食べやすくほぐす。または切っておく。

2. クリームチーズ、ツナ缶、粗塩、黒こしょうを練り合わせる。

3. 1のくり抜いたパンとAを2と混ぜ合わせ、パンの中にしっかり詰める。ラップで口をフタして、ビニール袋に入れ、切りやすくするため冷蔵庫で30分以上休ませる。

　詰めていく
　中身が落ちないようにラップを敷く

4. 1cm厚さくらいに切り分けていただきます。
　※翌日以降にいただく場合は
　しっかりラップをして袋に入れ、冷凍して保存する。
　半解凍の状態で切ると断面がきれい。

酢玉ネギ
みじん切り玉ネギに酢をたらしておいたもの
辛味が抜ける～

「お酒のおつまみにピッタリですが、子どもも大好きな味だと思います。バタール（太めのフランスパン）の場合は周りのパンの部分を1cm以上残した方が、食べている途中にチーズを落とすことなく食べられます。きれいにくり抜かない方が、チーズが安定するようです。冷凍した場合はパンの太さによって解凍時間が異なるので、目安として1、2時間みてください」（ママン）

お米入りロールキャベツ

材料　4個分

キャベツ　　1個（外側から葉16枚）

A
- 豚ひき肉　　200g
- 玉ねぎ　　1/2個 90g（みじん切り）
- 冷ご飯　　200g
- 牛乳　　50cc
- 卵　　1個
- 粗塩　　小さじ1
- こしょう ┐
- ナツメグ ┘各少々

B
- ベーコン　　2枚（5mm幅に切る）
- セロリ　　20g ┐5mm角切り
- 人参　　1/2本 100g ┘セロリはなくてもよい。
- コンソメ　　1個
- ローリエ　　1枚
- 水　　4カップ
- ※ロールキャベツが隠れる量

たこ糸 または かんぴょう

「キャベツのように丸くすると、ちょっと食べにくいかもしれませんが、可愛くていいでしょ。ナイフ、フォーク、スプーンでいただきます。友人の典子さんは、ご飯の代わりに5mm角切りのじゃが芋を入れていて、それもとっても美味しいの。残った茹でキャベツも一緒に煮込む場合は、コンソメを2個に」（ママン）

作り方
1. キャベツの芯の周りに切れ込みを入れる。
   キャベツを丸ごと湯がく。
   はじめ、芯を下にして、3分くらい茹で、
   次にひっくり返し、1枚ずつ葉をはがしながら
   ざるに あげる。

2. Aを十分に粘りが出るまで混ぜ合わせる。
   4等分に丸めておく。

3. キャベツの粗熱がとれたら、
   芯の部分をすりこぎや肉たたきで少し平らにつぶし、
   味が浸み込みやすくする。

4. 肉1つに付きキャベツの葉を4枚使うので、
   外側の大きい葉から、4枚ずつ分けておく。

5. 小さい葉から2の肉をのせ、
   上下交互にしっかり包む。
   たこ糸かかんぴょうで崩れないようにしばる。

(具)

6. 鍋にベーコンを入れ、ロールキャベツを置き、
   (できれば鍋はロールキャベツが
   きっちりおさまる大きさがよい) Bを入れ、
   沸騰したら、アクをとり、中火。
   落としブタとフタをし、2重ブタにする。
   30分煮て、粗塩、こしょうで味を整え、
   さらに10分煮る。

7. 器におき、たこ糸を取って、形を整え、
   汁も入れいただく。お好みで黒こしょうを挽く。

キャベツが甘くて
美味しい♡

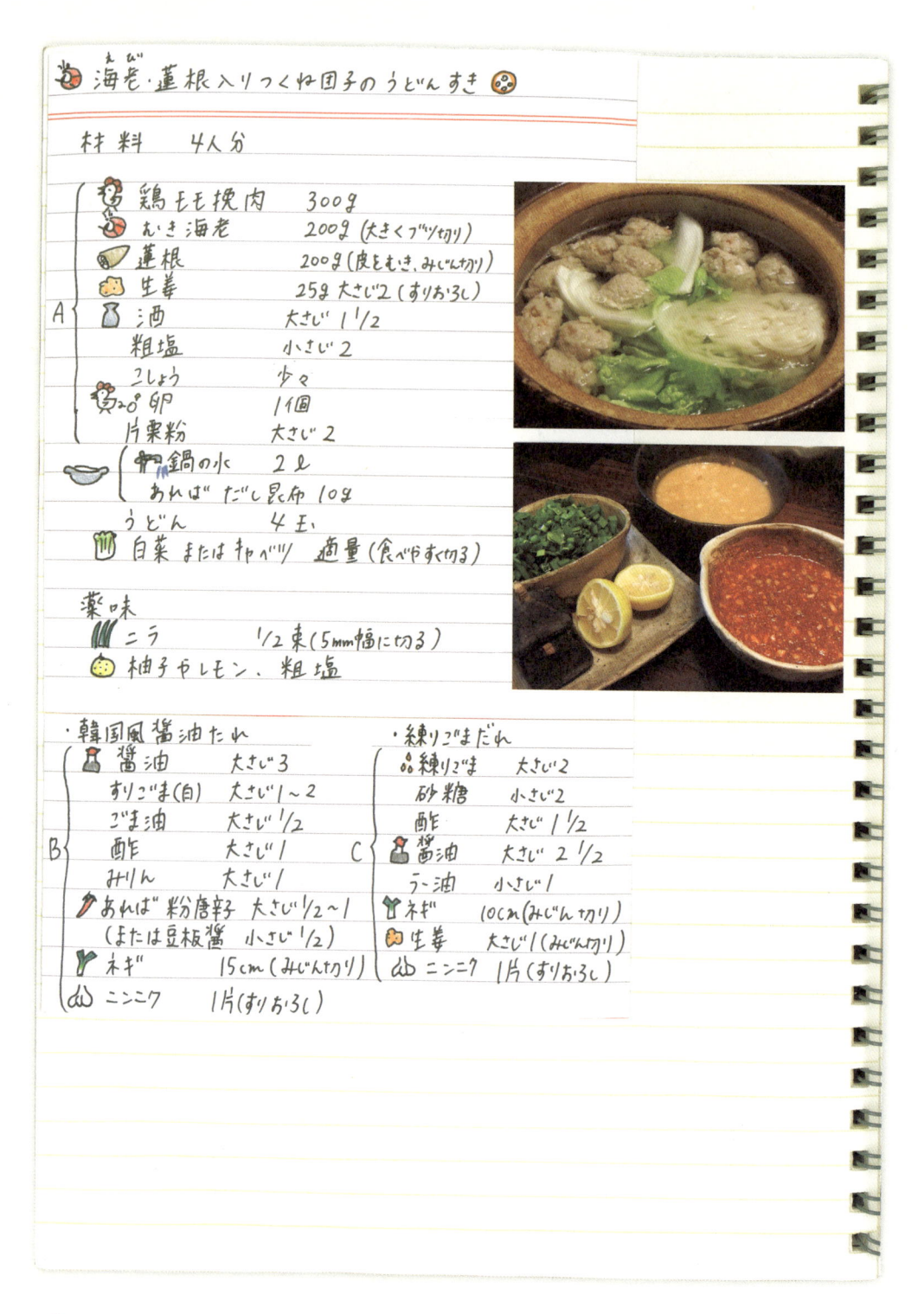

海老・蓮根入りつくね団子のうどんすき

材料　4人分

A
- 鶏モモ挽肉　　300g
- むき海老　　　200g（大きくブツ切り）
- 蓮根　　　　　200g（皮をむき、みじん切り）
- 生姜　　　　　25g 大さじ2（すりおろし）
- 酒　　　　　　大さじ1 1/2
- 粗塩　　　　　小さじ2
- こしょう　　　少々
- 卵　　　　　　1個
- 片栗粉　　　　大さじ2

- 鍋の水　　　　2ℓ
- あれば だし昆布 10g
- うどん　　　　4玉
- 白菜 または キャベツ　適量（食べやすく切る）

薬味
- ニラ　　　　　1/2束（5mm幅に切る）
- 柚子やレモン、粗塩

B ・韓国風醤油たれ
- 醤油　　　　　大さじ3
- すりごま（白）大さじ1〜2
- ごま油　　　　大さじ1/2
- 酢　　　　　　大さじ1
- みりん　　　　大さじ1
- あれば 粉唐辛子 大さじ1/2〜1
　（または豆板醤 小さじ1/2）
- ネギ　　　　　15cm（みじん切り）
- ニンニク　　　1片（すりおろし）

C ・練りごまだれ
- 練りごま　　　大さじ2
- 砂糖　　　　　小さじ2
- 酢　　　　　　大さじ1 1/2
- 醤油　　　　　大さじ2 1/2
- ラー油　　　　小さじ1
- ネギ　　　　　10cm（みじん切り）
- 生姜　　　　　大さじ1（みじん切り）
- ニンニク　　　1片（すりおろし）

「まずは塩とニラでいただいてみてください。お好みで柚子やレモンをどうぞ。それからタレにつけて、うどんにからめていただくと、フワ〜っと体が温まってくるのがわかります。白山家では小さく切ったニラをよく使います」（ママン）

「鍋はもちろん、ニラはチャーハンやラーメンに入れてもおいしいよね」（娘）

作り方
1. Aをよく練り混ぜる。
   (野球ボールをつかむ手の形で
   ガーっと円をかいて練りを出す) →誰の手？怪獣？

2. BとCのたれをそれぞれ混ぜ合わせる。

3. 鍋に水、昆布を入れ、
   沸騰し始めたら昆布を取り出す。

4. つくね団子をスプーンで1口大ずつ
   1回に食べる量を落し入れる。

5. 再度沸騰したら野菜、うどん1玉入れて、
   いい煮え加減でいただきます。
   最後までおいしく食べられるので、
   うどんは1玉ずつ食べながら入れてみてください。

ママン「この冬はまだ一度も食べてないね。」
娘。「試作が多くて作れないっていう…」
    どんどん太る冬 ── チーン…（笑）

アクリル毛糸の手作りスポンジ
油汚れも落ちるすぐれもの。
2色どりでガサガサ編んで、
楽しいし、使えるのがいい。

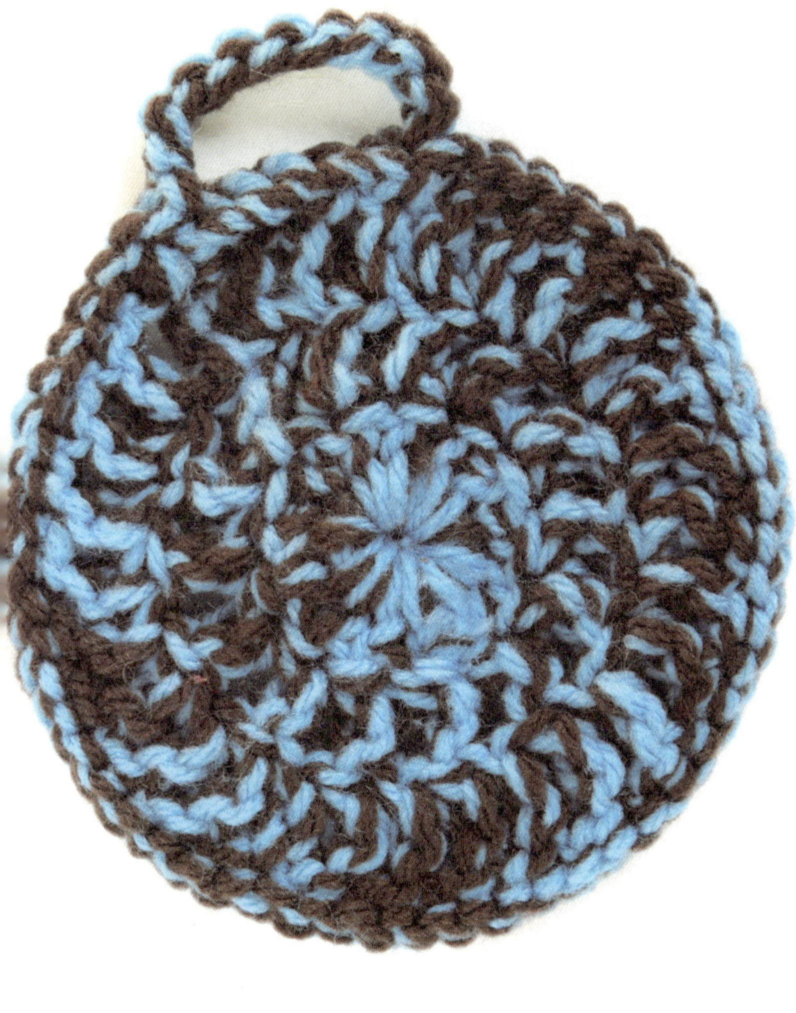

冬のライフスタイル

これは、創業時から店で使っている量り
(通称「ふね」)です。
今では、昔の量りを使っている米屋が少ないようで、
点検の検査士の方は
「大事に使ってください」と話されます。
元々渋谷の並木橋で
米屋を営む家の次男として生まれた義父が、
大学卒業後、会社に就職した数年後に
脱サラして開店したのが、
今、ここ自由が丘にある 白山米店 です。

当時 米の販売は 米屋 だけでしたので
人を雇うほどの忙しさだったそうです。
ちなみに この本の表紙の題字は、義父が書いたものです。

お店の袋などの印刷は、手作りです。
お箸入れのスタンプは 消しゴムを彫ったもの。
お米を5kg購入したお客さまへの サービスカードは、
1枚1枚 手で書いています。
紙袋の印刷は、わたしが20代のとき、当時最新式だった
プリントゴッコを 銀座松屋デパート で買って
いまだに 使っています。
それから12月28日は お餅の配達に行きます。
今は 量も少なくなり、黄金もち米を持ち込み、
お餅屋さんに ついて いただきます。
昔は、本家(宮前精米店)と一緒に
2日にわたり、お餅つきをしたとか。
家族総出の大仕事だったそうです。
米屋のお餅配達が無事終わると、
今年も健康に仕事ができたことに
感謝の気持ちで いっぱいになります。

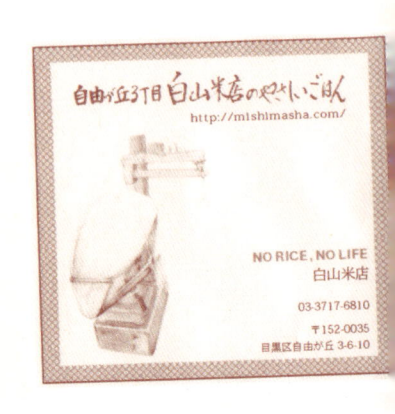

冬のお便り

イチョウが落葉し、冬将軍の到来です。
寒さとともに、白山家の食卓は 汁物が増えました。

「鮭の石狩汁や粕汁」（大根、人参、じゃが芋、ネギに隠し味は牛乳とバター）
「鰯のつみれ汁」（ネギ、生姜をたっぷりと）
「里芋と生なめこ、豆腐のとろとろ汁」（よーく煮た里芋はねっとり美味しい）
「鱈のチゲスープ」（キムチ、コチュジャン、豆腐、赤味噌、ニラ）
「根菜のクリームスープ」（里芋、人参、レンコン、カブ、カボチャ、クリームコーン）
「白菜の豚汁」（生姜を入れて）

翌日も朝食にいただけるように、たっぷりと作ります。
熱々の美味しい汁物は、食べ終わっても胃袋に
ホカホカ幸せの余韻がいつまでも残ります。
美味しいラーメンをいただいたときのような・・・。
作っているときの湯気が、乾燥した室内をしっとり暖めてもくれます。

そして来週はクリスマス。
結婚以来（25年）ローストチキンを焼いてきました。
白山家では、チキンのお腹に炒めた醤油ご飯
（ニンニク、玉ねぎ、きのこ、レバー、砂肝入り）を詰め、
りんごでフタをします。
チキンの味つけは、ハーブソルト、コショウ、バターで。
こんがり じっくり焼き上げ、皮はパリパリ、身はしっとりの絶品です。

カブのポタージュ

材料　3〜4人分

- カブ（巣なし皮つき）300g　小さめ5〜6コ　1/4に切る
- 玉ネギ　1/4コ　60g　みじん切り
- ニンニク　1片
- ごはん　60g
- バター　20g
- 水　1カップ
- 粗塩　小さじ1/2くらい

ミキサーまたはフードプロセッサー

- 牛乳　1カップ
- 西京味噌　小さじ1
- 湯がいたカブの茎　少々

作り方

1. 中火で焦がさないように、ニンニク、玉ネギをバターで炒める。透明になったら、カブを入れ、さらに少し炒める。ごはん、水1カップを入れ、ふたをして15分コトコト煮る。

2. 荒熱がとれたら1をミキサーにかけて、なめらかにする。（ヤケドに注意！）

3. 2を鍋に戻し、粗塩小さじ1/2と牛乳1カップを入れ、焦がさないように混ぜながら火を通す。西京味噌を溶き入れ、さらに少し火を通し、できあがり。各カップに注いで、仕上げにカブの茎を中央に飾る。

けっこうおいしいよ♪♪

「ミキサーを使うのが一手間ですが、小麦粉でとろみをつけるのと違った米の風味のある、まったりとしたやさしい味のスープです。離乳食にもなるので、家族みんなでいただけます」（ママン）

♨ 白菜と生姜ベーコン風味のスープ

材料　2～3人分

- ♨ 白菜　　　2～3枚 250g
  　　　　　6cm長さ 繊維にそってチカ切り
- ベーコン　20g 5mm幅に切る
- 生姜みじん切り　大さじ1強
- 酒　　　　大さじ1
- 水　　　　3カップ
- 粗塩　　　少々

作り方

1. ベーコンを弱火で
   じっくり油分が出るくらい炒める。

2. 1に生姜を入れさっと炒め、
   酒大さじ1、白菜をのせ水を注ぐ。

3. フタをしてコトコトと10分煮る。

4. 粗塩で調味してできあがり。
   仕上げに、すり生姜やブラックペッパーをのせていただきます。

「生姜が好きで、かくし味にならないくらい入れてしまいます。
熱々のうどんに、すり生姜をのせて、京都北野の『長文屋』さんの
山椒多めの七味唐辛子を振れば、京都に行った気分ではんなりします」
（ママン）

🐔 カリカリ揚げ鶏のネギソース レンコン添え

材料　2人分

- 🐔 鶏もも肉　　　1枚（360gくらい）
- A
  - こしょう　　　少々
  - 醤油　　　　　大さじ1/2
  - 紹興酒または酒　大さじ1/2
  - 片栗粉　　　　大さじ3
  - （半量を小麦粉にしてもよい）

- つけ合わせ　レンコン　適量
  - （1cm厚さに輪切り）

- 揚げ油

- ネギソース
- B
  - ネギ　　　　30g（みじん切り）
  - 醤油　　　　大さじ2
  - みりん　　　小さじ2
  - 酢　　　　　小さじ2
  - 一味唐辛子　少々
  - ごま油　　　小さじ1

作り方

1. Bを合わせてネギソースを作っておく。

2. 鶏肉は筋や余分な脂をとり、肉の厚いところは切り込みを入れ、1/2～1/4に切る。

3. 肉にAをもみ込む。揚げ油（170℃～180℃くらい）を準備する。温度の目安は菜箸から泡がたくさん出るくらい。

4. 片栗粉をはたきつけて、まず皮目を下に3分くらい揚げ、皮目全体がこんがりきつね色になったら裏返し。脇にレンコンを入れ、さらに3～4分揚げる。

5. 油切りして、切り分けネギソースをかけていただく。

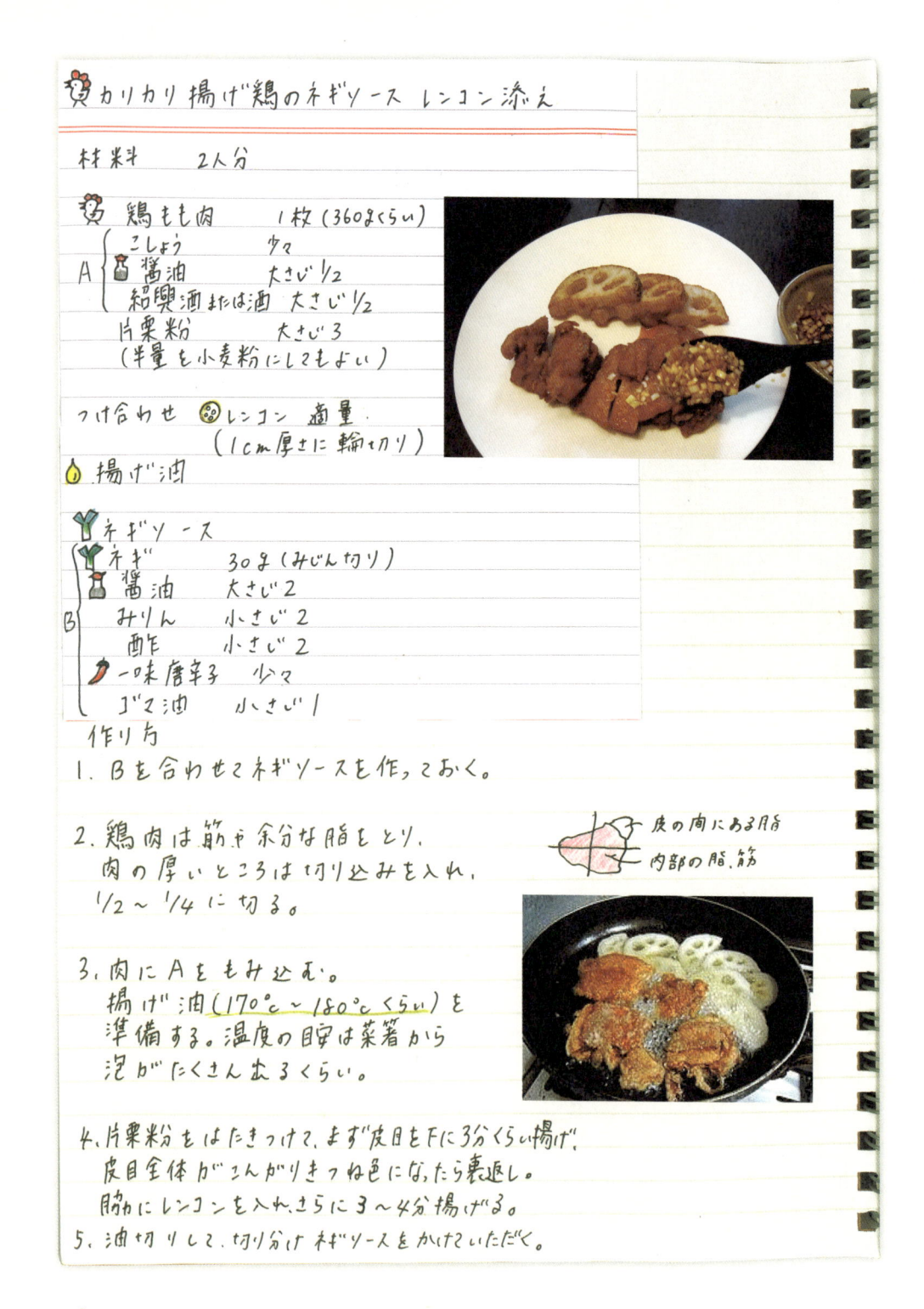

「白山家はカリカリが好きなので、ソースは各自かけながらいただきます。水菜を下にしいて、サラダ風にいただいてもおいしいです。ネギソースは、冷蔵庫で保存すれば1週間OK。ネギが嫌いな娘も、このネギソースはなぜか食べられます」（ママン）

🐷 肉団子のもち米蒸し

材料　20個分

○ もち米　1カップ（150gくらい）
※前日によく洗って、1晩水につけ
冷蔵庫へ。
翌日、ザルにとり充分に水切りし、
さらに布巾の上にのせておく。

A ｛
- 🐷 豚挽肉　350g
  ※できれば"赤身"が多いものを選ぶ。
- 🟢 長ねぎ　40g 15cm みじん切り
- 🍄 干ししいたけ　3枚 戻して細いみじん切り
- 🫚 生姜　1片 30g分 しぼり汁
- 粗塩　小さじ1
- 🧴 醤油　大さじ1
- こしょう　少々
- 片栗粉　大さじ1

いただく時に　溶き辛子、酢など。

作り方

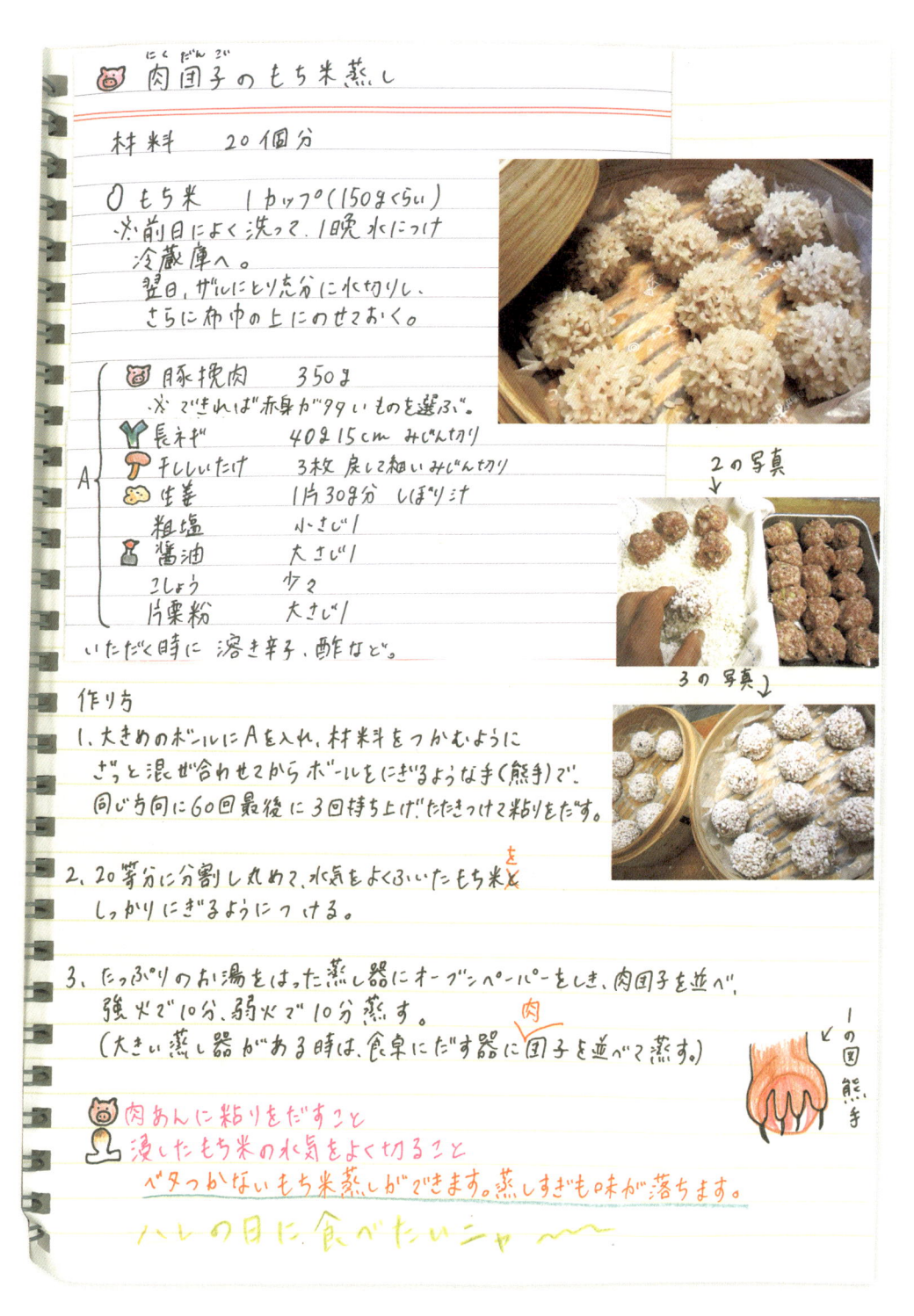

1. 大きめのボールにAを入れ、材料をつかむように
ざっと混ぜ合わせてからボールをにぎるような手（熊手）で、
同じ方向に60回 最後に3回持ち上げ たたきつけて粘りをだす。

2. 20等分に分割し丸めて、水気をよくふいたもち米を
しっかりにぎるようにつける。

3. たっぷりのお湯をはった蒸し器にオーブンペーパーをしき、肉団子を並べ、
強火で10分、弱火で10分蒸す。
（大きい蒸し器がある時は、食卓にだす器に団子を並べて蒸す。）

→ 2の写真

→ 3の写真

→ 1の図 熊手

🐷 **肉あんに粘りをだすこと**
🫚 **浸したもち米の水気をよく切ること**
　　ベタつかないもち米蒸しができます。蒸しすぎも味が落ちます。

ハレの日に食べたいニャ〜

「お弁当屋さんを始めたころは、よくお弁当に登場していました。
もち米は 1kg（600円くらい）で売られています。すぐに使いきれない
ので、ビニール2重袋にして夏は冷蔵庫に保管。
もち米を入れた炊き込みご飯はコクが出て、味わいがあります。
お赤飯や中華おこわ、おはぎといろいろつくれます」（ママン）

🧅 玉ネギたっぷりメンチ

材料　　　2人分　　　牛肉(たた)味いてもおいし〜よ

A {
- 合挽肉　　150g
- 玉ネギ　　100g みじん切り
- ナツメグ　適量
- 粗塩　　　小さじ1/3
- こしょう　少々
}

〈衣〉小麦粉、卵、パン粉
〈付けあわせ〉キャベツ、からし、ソース

作り方

1. Aをボールに入れ、さっと混ぜ合わせ手で押さえて、半分に折り返すのを繰り返して(繰)練りをおさないように玉ネギと肉をなじませる。

2. 1を6分割にして小麦粉、卵、パン粉の順に衣つけをする。

3. 170℃くらいの油で3分30秒〜4分かけて玉ネギに火が通るまでじっくり揚げる。

キャベツの千切りソースでべチャべチャにして食べるのおいし〜よね♡

「甘みが出ておいしいキャベツの千切りをたっぷり添えていただきます。お肉屋さんのラードで揚げたメンチコロッケも大好きです。食べたくなると、尾山台駅前のお肉屋さん『たかの』で買います」(ママン)

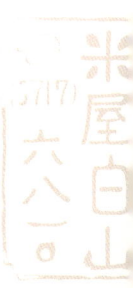

🐟 鱈と里芋のチゲスープ🌶

材料　2人分

- 🐟 生鱈　　　　2切　一口大に切る
- 🥔 里芋　　　　4個110gくらい　皮をむき一口大に切る
- 🌿 セリ　　　　1/2束　3cm長さに切る
- 🧄 ニンニク　　1/2〜1片　みじん切り
- 🌶 キムチ　　　50g　粗みじん切り
- 🟡 油揚　　　　1/2枚　短冊切り
- コチュジャン　大さじ1
- 　赤みそ　　　小さじ1〜2
- 💧 水　　　　　500cc
- 　ゴマ油　　　大さじ1/2

作り方

1. 生鱈は、うろこをよく拭くか、さっと湯引きし、水にとりザルにあげておく。

2. 鍋にゴマ油をひき、ニンニク、キムチを炒める。
   コチュジャンを入れ、炒め合わせ、油揚、里芋も一緒に炒める。

3. 水500ccを入れ、沸騰したら、フタをして、煮こぼれないように
   里芋がやわらかくなるまで煮る。(5〜8分)

4. 鱈を入れ、赤みそで調味し、鱈が煮えたらセリを入れ、
   すぐ火を止め器に盛る。

　　　　　　　　　　　　　　　　　　築地のコチュジャンおいしいよ。

※赤みそがないときは、辛くなりますがコチュジャンの量を多めにし、
　少しの醤油で調味してください。

🌿 セリは根つきで売られていますので、切りとった根を水につけておけば、
　　また小さな芽が出て、お料理に使えます。

多めに作って次の日はごはん入れておじやにしようかな？

「翌日のカレーがおいしいように、コクの出た翌日のスープも好きです。
焼いたお餅と溶けるチーズをのせて、熱々をいただくのが楽しみです」
（ママン）

🍪 チョコチップクッキー

材料　　　　　32枚分

A ｛ 薄力粉　　80g
　　 ベーキングパウダー　小さじ1　｝合わせておく
　　 重曹　　　小さじ1

　　グラニュー糖　　120g
　　バター　　　　　140g
🥚　卵　　　　　　　1個
　　オーガニックオートミール　200g
　　チョコチップ　　150g

作り方　　　　　　　　　　160℃～170℃
　　　　　　　　　　　　　20～23分

1. バターは室温に戻しておく。
   または電子レンジ弱でやわらかくしておく。

2. ボールにやわらかくしたバター、グラニュー糖を
   ゴムベラですり混ぜ合わせる。

3. 2に卵を割り入れよく混ぜ合わせる。

4. 3にAの粉類をふるい入れ切るように
   さっくり混ぜる。

5. 粉類が混ざったら、オートミール、チョコチップを入れ
   さっくり混ぜる。

6. 夏場は冷蔵庫、冬場は常温で30分生地(きじ)を休ませる。

7. スプーンで一口大の生地をすくい、クッキングペーパーを敷いた
   天板にのせる。ころんとしたクッキーが50～60個焼ける。
   (写真のように作る場合は、1個23gで少し生地をつぶす。)

8. 160℃～170℃、20～23分オーブンで焼く。冷めてからいただきます。
   カリカリの食感を楽しんでいただきたいので、湿気のある雨の日は
   作らないでください。

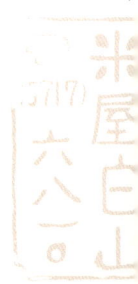

乾燥命！　雨厳禁☂

「バレンタインにチョコの入ったおいしいクッキーはいかがでしょうか。写真のクッキーはお店用に平たく焼いていますが、スプーンですくって適量を置いただけでも焼くことができます。カリカリに焼くように注意すれば、失敗もなくできます。日持ちもしますので、余裕をもって作って、ゆったりとSt. Valentine's Dayの演出を考えましょう。娘が幼稚園のときに教えていただいたクッキーで、お店でも人気です」
（ママン）

🐷 スペアリブの香味焼き

材料　3人分くらい

A {
- 🐷 豚肉 スペアリブ　　750g
- 🧄 ニンニク ） すりおろし　各小さじ 1 1/2
- 🫚 生姜
- 🌶 赤唐辛子　　　　　1本
- 🍯 蜂蜜 または砂糖　　小さじ 2　（蜜）
- 🫗 醤油　　　　　　　50cc
- 🍅 ケチャップ　　　　50cc
- ウスターソース　　　小さじ 1 1/2
- 🍋 レモン汁　　　　　小さじ 1 1/2
- サラダ油　　　　　　小さじ 1 1/2
}

作り方

1. 厚手のビニール袋にAを入れ、混ぜ合わせ肉を入れ、もみ込む。冷蔵庫で一日保存。
   ※このまま冷凍もできる。

2. 翌日、常温に戻した1を、予熱したオーブンで両面焼く。
   220〜230℃で10分 裏返して5〜10分。

むしゃむしゃ かぶりつくのが好き♡ ライオンのように…。

「4人家族の白山家では、倍量で作ります。鶏モモ肉でも、とっても美味しいです。天板が汚れて片付けが大変かもしれませんが、家族の喜ぶ顔や美味しさに、また作りたくなると思います」（ママン）

2/25

1/9
2/8
12/24

8/28

6/22
3/2
2/15
1/10
10/9

10/8

柱のキズ
子どもたちの背くらべ（時々父親も）
小さい頃の娘と息子の
はしゃぎ声が聞こえる。

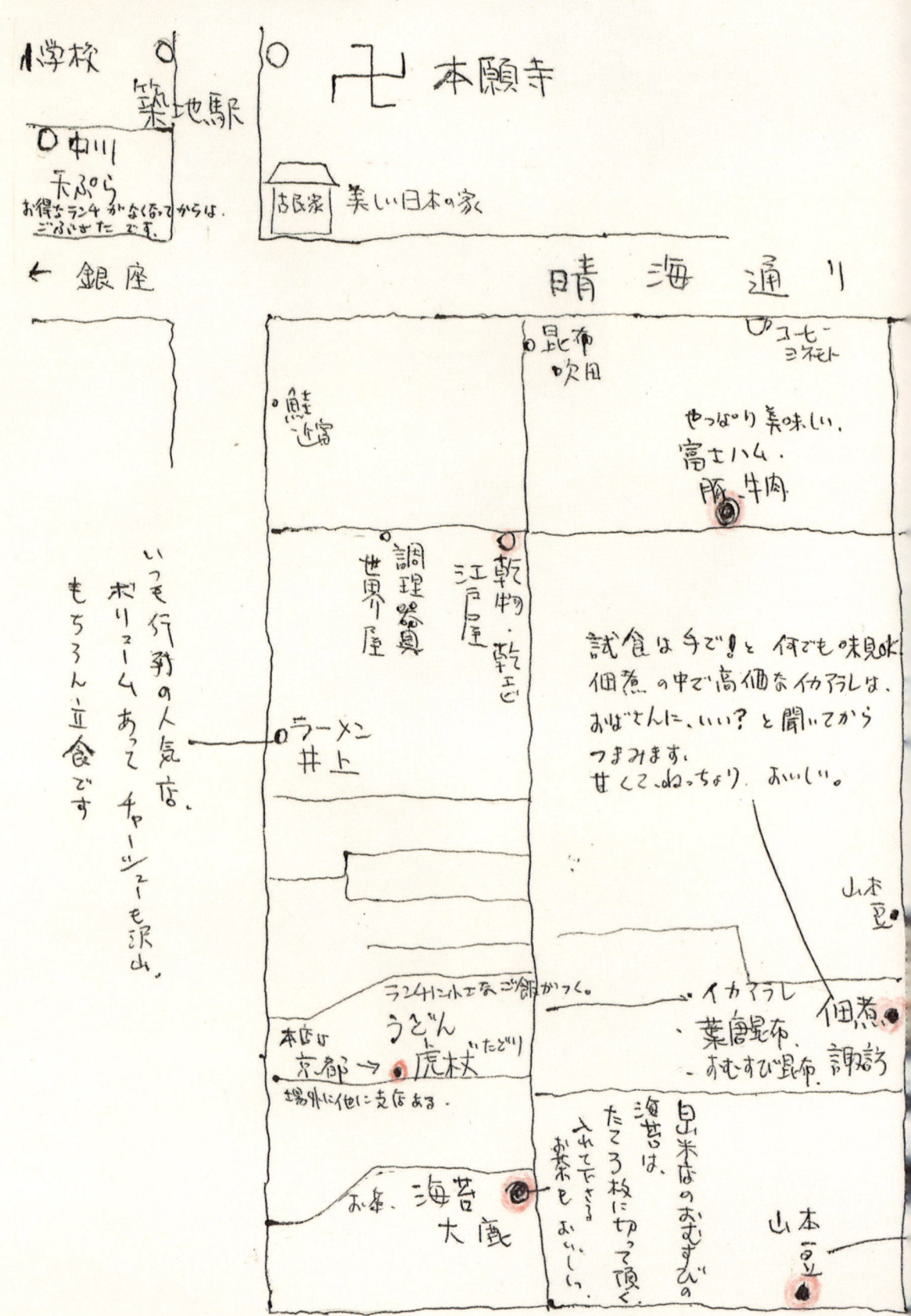

ママンがよく行く築地のお店マップ

学校

築地駅

中川 天ぷら
お得なランチがなくなってからは、ごぶさたです。

卍 本願寺

古民家 美しい日本の家

← 銀座

晴海通り

昆布 吹田

コーヒー ヨネモト

やっぱり美味しい。
富士ハム。
豚・牛肉

鮭 遊富

乾物・乾エビ 江戸屋

調理器具 世界屋

いつも行列の人気店。ボリュームあって チャーシューも沢山。もちろん立食です

ラーメン 井上

試食は手で！と何でも味見。佃煮の中で高価なイカアラレ。おばさんに、いい？と聞いてからつまみます。甘くて ぬっちょり、おいしい。

山本豆

ランチはハム工芸ご飯がつく。

本店は京都 → 虎杖(たどり)
場外に他に支店ある。

イカアラレ
葉唐昆布
おむすび昆布
佃煮 諏訪

お茶 海苔 大蔵

見米なのおむすびの海苔は、たて2枚に切って頂く 入れて下さる葉もおいしい。

山本豆

- 築地場外市場。食事処が沢山でき、ビジネスマンや観光客もふえました。
- お料理好きには、見ているだけでも楽しいアミューズメントパーク。
- 食べ処 ご案内 出来ずゴメンナサイ。
  場内に 大行列のお寿司屋さんがあります。
                        ※ 飲食店は 2時頃 閉店します。

築地
木村家
あんぱん

高価な漬魚も 安して買えます。
ナント魚粕漬
西京漬

脂の旨さで絶品でした
→
ドグロ
金目鯛
中村屋 干物

今はデパートにも出店。
茂助だんご

お弁当のおかずがピリ辛の時コチジャン使います
明太子・コチジャン
エゴマ漬け
私も娘も大好き
光泉

江戸一
スルメ
昆布

10枚千円のスルメ。
築地の空気にあたり、いい味に。

かつお節
秋山
おむすびの おかかはここ。

★この路地は、
両脇で 沢山の職人さんが
玉子焼を作ってて、楽しい。
↓

立派な奈良漬が1本千円くらい。
奈良漬
吉岡屋

昼近くなると
店じまいの為 安くなります。

メガネをかけた
名物おじさんがいます。
だいぶ腰が曲がっちゃったけど、
お元気にされてました。
各地の新豆が勢揃いで
ピカピカです。
包装紙がとても好きで、つい買ってほしいます

鮭・子持昆布
山伝蕨

波除神社

銀のスプーン
「クリストフル」のスプーンは、
娘と息子の出産祝いに、姉からのプレゼント。
名前、体重、日時が彫られている。
お嫁さんに行くとき、持って行ってね。

白山米店お母さん直伝
釜で炊くおいしいごはんの炊き方

釜がなくても、土鍋や厚手の鍋で炊けますので、
挑戦してみてくださいね。

精米機で精米しているところ

おいしいご飯が炊けるお釜の問い合わせ先：株式会社ツルマキ　新潟県燕市杣木1612番地　TEL 0256-64-3551

量る

1合升(180cc)に米を山盛りに入れてから
すり切り3合をボールに入れる。

洗う

a:たっぷりの水を入れ手早く2回混ぜて、
水をさっと流す。

b:aをもう1回くりかえす。

最初の水は
米にどんどん吸水されてしまいます。
汚れやヌカ臭さが米に入らないように
手早く水替えします。

c:米をかき混ぜるように洗い、
水を入れ流す。

d:もう1回洗い、ざるにあげ、
水切りがいいように
斜めにしておく(1～3分)

吸水と炊く

釜に米と水（1：1.2）を入れ、
吸水させる。
（夏は30分、冬は1時間）

白山家では、米1合（180cc）に
1カップ（200cc）の水を基本に
少なめにしたりと調整します。
今回は、3合の米に580ccくらいの水。

火かげん

ふつうのお鍋で炊く場合は、
鍋底の厚い物を使い、フタに重しを置くと
いいです。

1. 弱火〜中の強火

弱火で1分火にかけたら、
中火〜やや強火にして沸騰させる。
（米の量によって変わりますが、5〜10分間を
めどにゆっくりと火を入れ沸騰させます。
土鍋で炊く場合は始めから中火で、
フタの穴は箸などでふさぎます）

2. 弱火

沸騰をそのまま1分保ち、
その後弱火にして10〜12分
（ふきこぼれが多いときは、少し火を弱める）

3. 強火

強火にして10かぞえて（残った水分を蒸発
させるため）、火を止める。

蒸らし

9〜10分

フタをとり、大きくほぐし、
蒸気を逃がす。

フタにふきんを挟み水滴を防ぐ、
または、おひつに移す。

**ホカホカごはん、
いただきます**

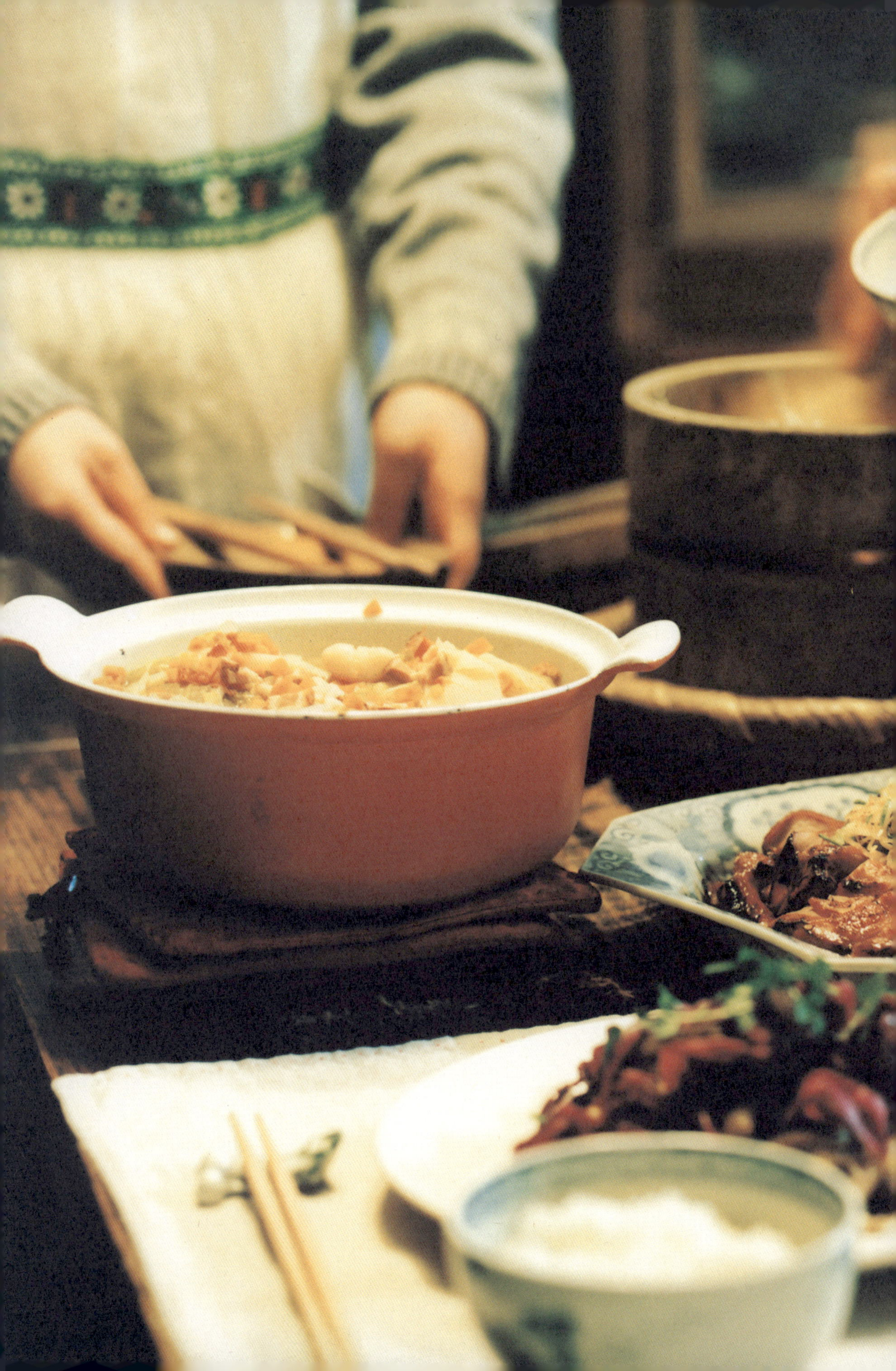

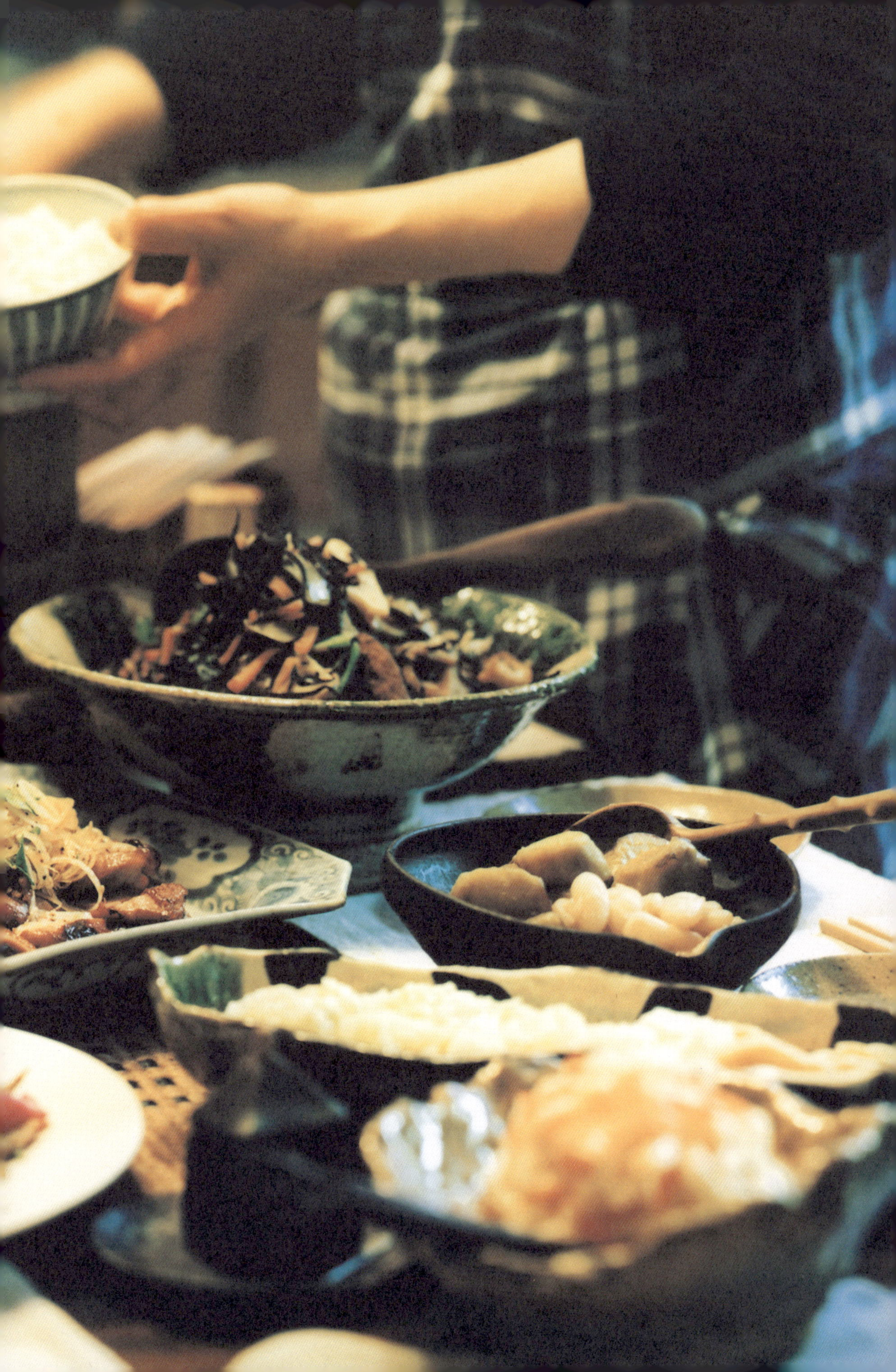

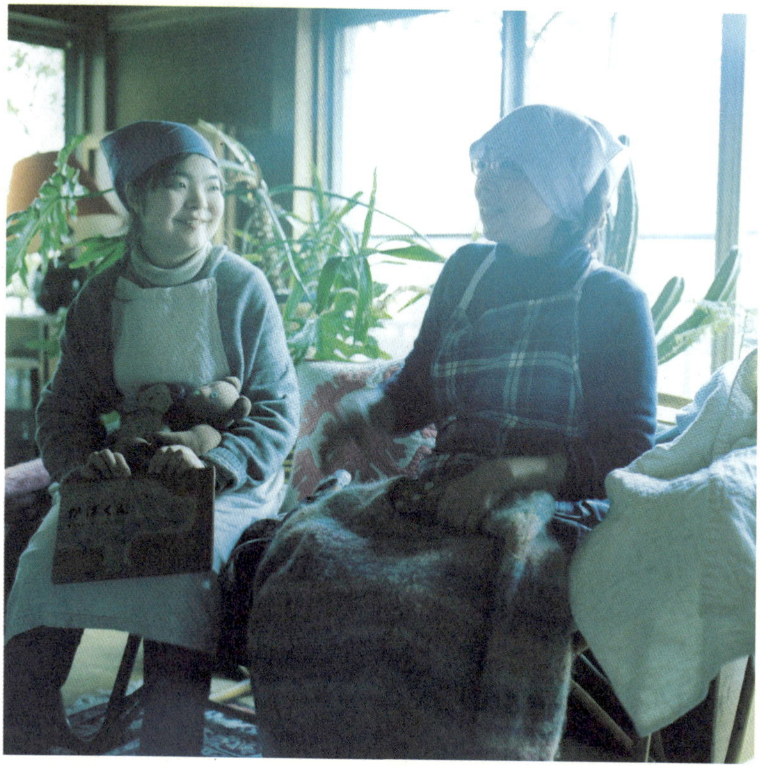

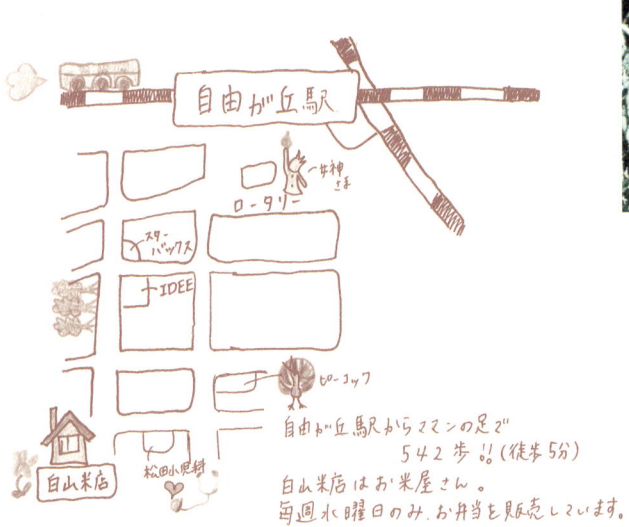

自由が丘駅からママンの足で
542歩!!(徒歩5分)
白山米店はお米屋さん。
毎週水曜日のみ、お弁当を販売しています。

2000年 苗実 中学入学
　　　 岳　4年生
九品仏 浄真寺にて．

あとがき

お手に取ってくださり
　　本当に ありがとう ございます。
毎日の食事作りは、とても時間がかかります。
食材の買い物、洗う、切る、焼く、煮る、調理道具と食器の片付けと
不合理的なことばかりだから、
好きになって 楽しくできたらと思います。

時々でも お料理を作られるようになると
健康ばかりか、おいしい物を自分で作れて、
周りを 喜ばせる ご褒美まであります。
まずは、ごはんを炊いて！
熱々ホカホカごはんの湯気とやさしい匂いにほっとします。

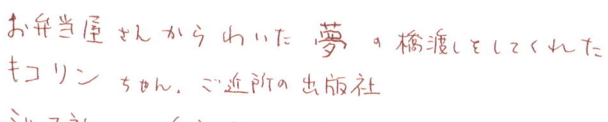

お弁当屋さんからわいた 夢 の橋渡しをしてくれた
キコリンちゃん、ご近所の出版社
ミシマ社の三島社長、林萌ちゃん、社員のみなさま、
時間をかけて、温かい本に仕上げてくださった
gaenの森本千絵さん 宮田佳奈さん 安田利加さん
本当に ほんとうに
　　ありがとう ございます。
　頼りない心配性の母親に付き合ってくれる娘に感謝。
今までの ご縁に 感謝をこめて… 　　白山米店 ママン

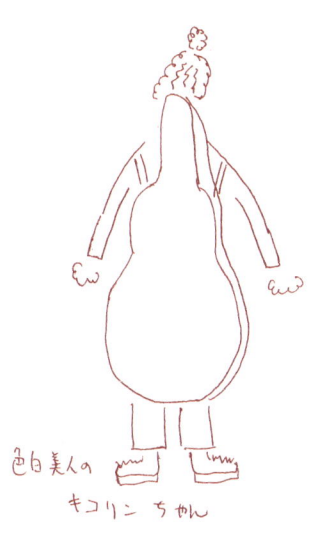

お米くださーい

色白美人の
キコリンちゃん

自由が丘3丁目 白山米店のやさいごはん

2011年3月12日　初版第1刷発行
2014年9月15日　初版第3刷発行

著者　　白山米店お母さん（寿松木衣映）
発行者　　三島邦弘
発行所　　株式会社ミシマ社
　　　　　〒152-0035
　　　　　東京都目黒区自由が丘 2-6-13
　　　　　電話 03(3724)5616
　　　　　URL http://www.mishimasha.com/
印刷・製本　（株）シナノ
組版　　　（有）エヴリ・シンク

©2011 Hakusan Maman(Suzuki Kinue) Printed in JAPAN
本書の無断複写・複製・転載を禁じます。
ISBN 978-4-903908-26-7

©三ツ帆